PREPARA TU
CORAZÓN

UN DIARIO DE ADVIENTO GUIADO PARA LA ORACIÓN Y LA MEDITACIÓN

PADRE AGUSTINO TORRES, CFR

ILUSTRADO POR VALERIE DELGADO

AVE MARIA PRESS   AVE   Notre Dame, Indiana

Visita nuestro sitio web para encontrar componentes en línea, incluidos vídeos del padre Agustino Torres, CFR, para mejorar tu experiencia con Prepara tu corazón *este Adviento. Ve a www.avemariapress. com/private/page/prepare-your-heart-resources.*

Nihil Obstat: Reverendo Michael Heintz, PhD
           Censor Librorum
Imprimátur: Reverendísimo Kevin C. Rhoades
           Obispo de Fort Wayne–South Bend
           Dado en Fort Wayne, Indiana, el 6 de marzo 2023

Traducido por Kris Fankhouser.

Fundada en 1865, la editorial Ave Maria Press es un ministerio de la Provincia de los Estados Unidos de Santa Cruz.

www.avemariapress.com

Libro de bolsillo: 978-1-64680-295-1

Libro electrónico: 978-1-64680-296-8

La portada y las imágenes interiores © 2023 Valerie Delgado, paxbeloved.com.

El diseño de la portada y del texto por Brianna Dombo.

Impreso y encuadernado en los Estados Unidos de América.

ÍNDICE

Introducción — v
Cómo usar este diario — viii

PRIMERA SEMANA DE ADVIENTO: EL CAMINO DE NAZARET

Domingo: Un hogar en Nazaret — 2
Lunes: El pequeño lugar — 6
Martes: Parte de la familia — 10
Miércoles: El amor en lo ordinario — 14
Jueves: Un paso a la vez — 18
Viernes: Cruces ocultas — 22
Sábado: Escuchar y aprender — 26

SEGUNDA SEMANA DE ADVIENTO: EL CAMINO DE LOS SANTOS

Domingo: Una respuesta intencional — 32
Lunes: Ver y creer — 36
Martes: El trabajo oculto — 40
Miércoles: Un freno a la pobreza — 44
Jueves: Vivir en la luz — 48
Viernes: El humilde mensajero — 52
Sábado: El pliegue de su manto — 56

TERCERA SEMANA DE ADVIENTO: EL CAMINO DE SAN JOSÉ

Domingo: San José nos hace un hogar — 62
Lunes: Entregarnos — 66
Martes: La certeza de quiénes somos — 70
Miércoles: La fuerza se vuelve suave — 74
Jueves: El sí silencioso — 78
Viernes: La valentía creativa — 82
Sábado: Abrazar lo ordinario — 86

CUARTA SEMANA DE ADVIENTO: EL CAMINO DE MARÍA

Domingo: Permitir que el Señor crezca — 92
Lunes: Sí a cada momento — 96
Martes: Confiar como María — 100
Miércoles: Verte a ti mismo como Dios te ve — 104
Jueves: Entrar en su historia — 108
Viernes: El bien más allá de la vista — 112
Sábado: Yavé se acuerda — 116
Día de Navidad: Una buena noticia de mucha alegría — 120

Visita **www.avemariapress.com/private/page/prepare-your-heart-resources** para obtener más información sobre descuentos por volumen, una guía para líderes, ayuda para organizar un grupo pequeño, vídeos del padre Agustino Torres, CFR, discutiendo el tema de cada semana de Adviento y otros recursos para ayudarte a aprovechar al máximo tu tiempo con *Prepara tu corazón*.

INTRODUCCIÓN

Debemos volver a Nazaret en estos tiempos nuestros. No la bulliciosa ciudad de hoy con sus iglesias construidas sobre edificios antiguos y negocios bulliciosos que bordean las calles; no, el Nazaret de nuestros corazones requiere que vayamos mucho más profundo que la superficie. Nazaret, oh ciudad de silencio y trabajo, cuánto necesitamos tus elocuentes lecciones. Nazaret, que vio a José y María prepararse para el nacimiento de nuestro Señor, que nos preparemos también nosotros. Nazaret, oh aldea que fuiste testigo de algunos de los eventos más célebres de toda la historia—la Encarnación, la Anunciación y la Inmaculada Concepción—enséñanos hoy llamándonos más profundo.

Estas fiestas que hoy celebramos en nuestras parroquias y comunidades no sucedieron en algún paraíso abstracto. Ocurrieron en esta misma tierra en un pueblo muy específico: Nazaret. Este pequeño pueblo de Galilea ocupa un lugar en la mente y el corazón de los cristianos de todo el mundo. Te invito también a entrar en Nazaret este Adviento.

Dejemos que este lugar sea nuestro maestro ya que fue testigo de la juventud de Jesús. La mesa en la casa de la Sagrada Familia alimentó a nuestro Salvador, que nos nutre con la Eucaristía. La cocina de la santa casa fue atendida por las amorosas manos de la Madre de Dios. San José tuvo un taller en este mismo lugar donde nuestro Señor aprendió su oficio.

¡Qué maravillas ha visto este lugar! ¡Todo esto en la oscuridad silenciosa! Estos hechos no están registrados en las Sagradas Escrituras salvo los más esenciales, pero es aquí donde creció la Sagrada Familia después de su regreso de Egipto. Como crece sin palabras el poderoso roble, y como florece el lirio, deslumbrante en su quietud, así se formó la Sagrada Familia en Nazaret.

UN ENFOQUE FRANCISCANO

Mis hermanos y hermanas, la espiritualidad franciscana ha salpicado el calendario de la Iglesia con muchos santos. Es una espiritualidad sencilla y directa donde se entra "por la puerta angosta" (Mt 7:13–14). A lo largo de los siglos, los franciscanos han contado como santos tanto a reyes como a mendigos, reinas y antiguas amantes. Nos gusta llamarlos "santos de la orden seráfica".

Se dice que el papa León XIII, hacia fines del siglo XIX, conjeturó: "Si el mundo se enfría, todo lo que se necesita es revivir el espíritu del fundador de la orden franciscana". ¿Qué es este espíritu? San Francisco fue a Jesús. Nuestra cultura contemporánea, con su tecnología y su individualismo agreste, tiende a pedirle a Dios que entre en nuestra historia. Por el contrario, un enfoque franciscano le pregunta a Dios si podemos entrar en su historia.

Entramos en la historia de Dios principalmente a través de la oración, que debe llevarnos a la contemplación. Sí, hay muchos tipos de oración, pero el fin último de la oración es la unión con Dios. Por esta unión no entiendo un estado de gracia sino una forma de ser. Se está volviendo completamente vivo al ser completamente abandonado a él. Es un ascenso a los místicos picos de las montañas donde nada más que Dios satisfará. Algunos lo han llamado la práctica de la presencia de Dios o el sacramento del momento. Es estar en constante estado de oración donde Dios es nuestro y nosotros suyos. Es la oración que está, en muchos sentidos, más allá de las palabras o las imágenes.

La espiritualidad franciscana nos llama a entrar en la historia de Dios escuchando las palabras de las Escrituras y luego adoptándolas. San Francisco hizo esto de manera muy simple y directa:

✢ Oyó el Evangelio del joven rico (Mt 19:16–22) y vio que se iba triste porque tenía muchos bienes. Su corazón anhelaba que el Señor lo mirara con amor, así que fue y vendió todo lo que tenía y se lo dio a los pobres.

✢ San Francisco, en el monte Alverna, miró un crucifijo y se lamentó: "El amor no es amado", y lloró, anhelando suplir "lo que falta a los sufrimientos de Cristo para bien de su cuerpo, que es la Iglesia" (Col 1:24). Luego, en su propio cuerpo, vio que las heridas de Cristo comenzaban a aparecer durante una visión de un ángel serafín.

✢ Más apto para nuestras meditaciones aquí, san Francisco anhelaba estar en Belén, pero estaba en el pueblo de Greccio. No importa; con la ayuda de buenas personas, creó el primer belén en una colina. El gozo del nacimiento de Cristo nunca había estado más vivo en los asistentes.

Hay alegría que viene de insertarse en la historia de Dios.

Tal vez hayas oído decir: "Guarda a Cristo en Navidad". Esto, te aseguro, puede suceder si tomas una página del camino franciscano este Adviento. Entra en la historia. Esto requiere ciertos compromisos de tu parte: oración, caridad hacia los demás y servicio gozoso a los necesitados. Sin embargo, la alegría de entrar en la historia de Dios este Adviento no se puede contener. Invito a tu familia o comunidad a participar contigo en este camino de Adviento; eso sí, con todas las actitudes y quejas, trae a tus seres queridos. Puede que no entiendan al principio, pero Dios bendecirá tu perseverancia. Viajemos a Nazaret y entremos.

PADRE AGUSTINO TORRES, CFR

CÓMO USAR
ESTE DIARIO

La combinación del diario de Adviento *Prepara tu corazón*, de meditaciones, preguntas para la reflexión, espacio para escribir en el diario, oraciones y hermosas obras de arte originales está especialmente diseñada para llevarte a una experiencia de Adviento más profunda y rica, preparándote no solo para experimentar la alegría del nacimiento de Jesús, pero también para caminar con los santos de esta temporada, especialmente José y María de la Sagrada Familia. Procesamos juntos la maravillosa interrupción de la historia en el nacimiento de nuestro Salvador.

¿PARA QUIÉN *ES*
PREPARA TU CORAZÓN?

Prepara tu corazón es para cualquiera que desee experimentar la temporada de Adviento como un viaje que nos lleva a una narrativa más grande, una que habla de la obra salvadora de Dios entre nosotros. La temporada de Adviento es el momento ideal para dar un paso atrás en tu vida y evaluar cuál es tu posición con Dios, contigo mismo y con los demás. Este diario de Adviento proporciona un camino diario de oración y reflexión que ubica nuestras historias en esta más amplia, donde encuentran su propósito y significado.

 Prepara tu corazón es perfecto para usar en un entorno grupal y fue diseñado con eso en mente. Hay algo especial en emprender este viaje de Adviento con una comunidad, ya sea que esa comunidad sea toda tu parroquia, un grupo pequeño o tu familia. Encontrarás amplias sugerencias para celebrar los domingos de Adviento en un descargable en **www.avemariapress.com/**

private/page/prepare-your-heart-resources. Se incluyen ideas para comidas, canciones, oraciones y manualidades durante la temporada de Adviento. Visita **www.avemariapress.com/ private/page/prepare-your-heart-resources** para obtener más información sobre descuentos por volumen, una guía para líderes, ayuda para organizar un grupo pequeño, vídeos del padre Agustino Torres discutiendo el tema de cada semana de Adviento y otros recursos para ayudarte a aprovechar al máximo tu tiempo con *Prepara tu corazón*.

También puedes usar *Prepara tu corazón* estrictamente como individuo, con las meditaciones y las indicaciones para escribir un diario que te ayudarán a acercarte a Dios, escuchar su voz de nuevas maneras y abrirle tu corazón mientras diriges tu atención al ejemplo de la Sagrada Familia. Es posible que este Adviento tengas una necesidad especial de momentos tranquilos y regulares de conexión con Dios; *Prepara tu corazón* es una excelente manera de ayudarte a encontrar ese espacio cada día.

¿CÓMO ESTÁ ORGANIZADO *PREPARA TU CORAZÓN*?

Prepara tu corazón está organizado en cuatro partes:

✦ La primera parte dirige tu atención a la vida de la Sagrada Familia en Nazaret.

✦ En la segunda parte, aprenderás más sobre los santos de esta temporada de Adviento: las figuras que la Iglesia en su sabiduría pone ante nosotros mientras nos preparamos para la Navidad: María, san Juan Bautista, santa Lucía, san Nicolás, san Andrés, san Juan Diego y Nuestra Señora de Guadalupe.

✦ La tercera parte te lleva a reflexionar sobre las virtudes de san José: su sí silencioso, su valentía creativa, su humildad, mansedumbre, alegría y oración. Buscamos su ejemplo e intercesión para construir un hogar dentro de nosotros donde la Sagrada Familia pueda habitar, tal como él construyó su hogar en Nazaret.

✢ En la última semana de Adviento, a medida que se acerca la Navidad, dirigimos nuestra atención a María, reflexionando sobre sus virtudes y su ejemplo para ayudarnos a crear un espacio dentro de nosotros para que Cristo nazca. Veremos la oración de María, su voluntad de decir sí y su confianza.

Cada semana, encontrarás un patrón diario simple compuesto por las siguientes partes:

✢ Cada día comienza con un extracto de las Escrituras, el *Catecismo* o voces de confianza destinadas a centrar tus pensamientos en la idea clave de la meditación de ese día. Trata de orar con el extracto en silencio mientras escuchas qué palabra o frase te llama la atención.

✢ La *meditación* del padre Torres extrae un mensaje de la temporada de Adviento, las Escrituras, los santos o la espiritualidad franciscana.

✢ La sección de *reflexión* te desafía a reflexionar y escribir en un diario una respuesta a la meditación, lo que te ayuda a identificar formas prácticas de vivir la temporada de Adviento más plenamente.

✢ Finalmente, después de haber leído y anotado, la *oración* final proporciona un punto de partida para tus propias peticiones y oraciones de acción de gracias y alabanza a Dios.

¿CÓMO DEBO LEER
PREPARA TU CORAZÓN?

El formato de este diario de Adviento es lo suficientemente flexible como para adaptarse a las preferencias de cualquier lector. Si eres una persona madrugadora, es posible que desees comenzar tu día con *Prepara tu corazón*, completando la lectura, la reflexión, el diario y la oración de todo el día a primera hora de la mañana. O quizás descubras que prefieres terminar tu día usando *Prepara tu corazón* para enfocar tu atención en Dios mientras comienzas a descansar de las actividades del día. Incluso puedes decidir leer y orar en familia por la mañana y escribir un diario individualmente por la noche.

La clave es encontrar lo que funciona para ti, asegurándote de tener tiempo para leer cuidadosamente, reflexionar profundamente, escribir honestamente y conectarte íntimamente con el Señor en oración.

Independientemente del enfoque que elijas (y si decides experimentar *Prepara tu corazón* con un grupo o solo), asegúrate de visitar **www.avemariapress.com/private/page/prepare-your-heart-resources** para obtener recursos adicionales que te ayudarán a aprovechar al máximo este viaje especial de Adviento.

EL CAMINO DE NAZARET

DOMINGO

JESÚS ENTONCES REGRESÓ CON ELLOS, LLEGANDO A NAZARET. POSTERIORMENTE SIGUIÓ OBEDECIÉNDOLES. SU MADRE, POR SU PARTE, GUARDABA TODAS ESTAS COSAS EN SU CORAZÓN. MIENTRAS TANTO, JESÚS CRECÍA EN SABIDURÍA, EN EDAD Y EN GRACIA, ANTE DIOS Y ANTE LOS HOMBRES.

LUCAS 2:51-52

UN HOGAR EN NAZARET

Aunque el Adviento es un tiempo de gozosa anticipación, también es un tiempo en el que podemos hacer alguna penitencia y ordenar nuestros corazones para preparar el camino para la venida del niño Jesús. Lo que yo llamo vivir una vida centrada en el Evangelio, san Francisco lo llamaría "el camino de la penitencia". El Adviento no es penitencial de la misma manera que la Cuaresma, pero existe una larga tradición en la Iglesia de ofrecer vigilias de oración, ayunos y ofrendas durante el Adviento. Te sugiero que comiences este Adviento *respondiendo a Dios* a través de la oración y el ayuno. Elige el hábito diario que comenzarás o el sacrificio diario que harás durante las próximas cuatro semanas, y mantén la intención de seguir con él.

Al comenzar la primera semana de preparación para la fiesta de Navidad, te invito a que me acompañes en la escuela de Nazaret. A lo largo del Adviento, estudiaremos a los seguidores de Cristo, los santos, así como a José y María. Veremos muchos buenos ejemplos de humildad, alegría y confianza, pero ahora es el momento de visitar a la Sagrada Familia y sentirnos como en casa con ellos en Nazaret.

Nazaret es un lugar donde llueve lo suficiente para que haya crecimiento. Esta es la norma de nuestro propio crecimiento espiritual: hay lo suficiente para seguir adelante. Preferiríamos nadar en el consuelo y, a menudo, sentimos que algo anda mal cuando no lo experimentamos. Sin embargo, la mayor parte de nuestro crecimiento espiritual ocurre en la desolación o justo al borde de ella. Esto es Nazaret. Aquí Jesús puede crecer. Es raro que en la luz se puedan ver las estrellas. El sol debe ponerse para que podamos ver lo que hay más allá.

Al contemplar Nazaret, creamos un espacio donde nuestro corazón puede convertirse en el hogar de Jesús. Jesús crecerá en nosotros y crecerá en estatura si caminamos junto a él en Nazaret y vivimos en obediencia. Hay una libertad en saber que, al estar sujetos a la debida autoridad, somos libres. Aunque los vientos del mundo azotan este antiguo secreto del crecimiento espiritual, es en la tranquila y ordinaria humildad de Nazaret donde se nos permite ver las estrellas en la noche.

No experimentamos la oscuridad por el bien de la oscuridad. No nos sentimos desolados por la desolación. Estas son oportunidades para que Cristo crezca en nosotros. Porque es en esta oscuridad y desolación que ejercitamos la vida de fe, crecemos en el conocimiento de quién es Dios y quiénes somos nosotros, y nos desapegamos de las cosas que en última instancia son innecesarias.

REFLEXIÓN

1. ¿Qué es lo que impide que tu corazón crezca en unión con Dios?
2. ¿Qué puedes aprender de la escuela de Nazaret sobre los flujos y reflujos de la vida espiritual?

_____

_____

_____

_____

_____

_____

_____

_____

_____

_____

_____

_____

_____

_____

ORACIÓN

AYÚDAME, SEÑOR, A SOSTENERME. LAS TRAGEDIAS PARECEN AUMENTAR, Y LAS INCERTIDUMBRES ESTÁN SUBIENDO A MI CUELLO. HAY UNA SOLEDAD EN SEGUIRTE. CONCÉDEME LA GRACIA DE ACEPTAR ESTO. CONCÉDEME LA GRACIA DE SER OBEDIENTE A TU PALABRA. CONCÉDEME LA GRACIA DE VER LUZ EN LA OSCURIDAD Y ESCUCHAR EL CANTO EN EL SILENCIO.

LUNES

NATANAEL LE REPLICÓ: "¿PUEDE SALIR ALGO BUENO DE NAZARET?". FELIPE LE CONTESTÓ: "VEN Y VERÁS".

JUAN 1:46

EL PEQUEÑO LUGAR

¿Puede salir algo bueno de Nazaret? Esta fue la pregunta de Nathaniel cuando estaba a punto de encontrarse con Jesús. Consideremos la llamada de este pequeño pueblo. Nazaret no fue sabia según los estándares humanos; Atenas habría sido elegida para esto. Tampoco era un poderoso centro de poderío militar; Roma habría hecho bien aquí. Tampoco era de noble cuna; Jerusalén habría tenido más sentido. Entonces, ¿por qué Nazaret? ¿Por qué, de todos los lugares de la creación de Dios, se eligió este pueblo como el lugar donde resucitaría Jesús?

El *Catecismo* nos recuerda que "Jesús compartió, durante la mayor parte de su vida, la condición de la inmensa mayoría de los hombres: una vida cotidiana sin aparente importancia, vida de trabajo manual" (531). En Nazaret, Jesús pudo experimentar el trabajo ordinario de una vida oculta, el mismo tipo de vida que experimentamos la mayoría de nosotros.

Eres Nazaret. Tú, oh pequeña alma que anhelas acercarte a Dios, eres como este lugar. Tal vez no tengas el más alto nivel de aprendizaje según los estándares humanos. Quizás no seas el más fuerte ni el más noble. Es precisamente reconociendo que eres pequeño que el Señor puede crecer en ti como lo hizo en un pequeño lugar.

¿Puede salir algo bueno de un pequeño lugar como Nazaret? ¿Un pequeño lugar como tu propio vecindario? ¿Un pequeño lugar como tu propia familia con sus peculiaridades, con sus quebrantos y sus decepciones? ¿Un pequeño lugar como tu escuela o tu lugar de trabajo, donde pareces esforzarte sin cesar por una meta que es difícil de ver? ¿Puede salir algo bueno de pequeños lugares como estos?

Si nos unimos a los discípulos y seguimos a Jesús el Nazareno, veremos.

REFLEXIÓN

1. ¿De qué manera experimentas sentirte pequeño?
2. ¿Cómo puedes ofrecer los pequeños acontecimientos cotidianos en unión con María y José en Nazaret y permanecer con ellos en la presencia de Jesús?

_____

_____

_____

_____

_____

_____

_____

_____

_____

_____

_____

_____

ORACIÓN

SEÑOR, YO TE SEGUIRÉ, AUNQUE ME SIENTA UN FRACASADO. TE SEGUIRÉ, AUNQUE PARECE QUE NO LO ESTOY HACIENDO BIEN. TU PRESENCIA, SEÑOR, ES MI LIBERTAD. AUNQUE TODO A MI ALREDEDOR ME CUBRA DE ALABANZA, NO SATISFACE A MI CORAZÓN. AUNQUE MUCHOS PUEDAN COMPARTIR PALABRAS HALAGADORAS, NO ES ESTO LO QUE ME PODRÁ SOSTENER, SOLO DI UNA PALABRA Y TU SIERVO SERÁ SANODO. SÍ, SEÑOR, DI LA PALABRA. HÁGASE TU VOLUNTAD EN MÍ. CONCÉDEME LA GRACIA DE AMAR TU VOLUNTAD.

PRIMERA SEMANA DE ADVIENTO

MARTES

QUE NAZARET NOS ENSEÑE EL
SENTIDO DE LA VIDA FAMILIAR,
SU ARMONÍA DE AMOR, SU
SENCILLEZ Y AUSTERA BELLEZA,
SU CARÁCTER SAGRADO E
INVIOLABLE.

PAPA PABLO VI

PARTE DE LA FAMILIA

Hay alegría y paz en Nazaret. Imagína conmigo algunas de las escenas diarias allí. Colócate como visitante en la casa de la Sagrada Familia y mira, escucha, prueba, huele y siente cómo es.

Escucha a san José, el artesano, dejando sus herramientas y entrando por la puerta después de un largo día de trabajo. Se mueve lentamente, pero saboreando la alegría silenciosa de volver a casa, con las manos desgastadas y el cuerpo cansado. Puedes oler el dulce aroma de las comidas de Nuestra Señora en toda la casa.

Siéntate al lado de José en su comida a la mitad del día; participar de la sabiduría compartida en la mesa de Nazaret puede alegrar nuestras almas. Escucha la conversación, los intercambios reflexivos, su sentido humor. Ve a Jesús y María mirarse con una sonrisa cuando José vuelve a contar la misma historia. Él sabe que la han escuchado antes, pero es una buena historia. José también te mira. Sin decir nada, intercambias una mirada de complicidad. Esta es la alegría de ser visto y ser conocido.

Imagina una hora diferente del día con la luz del sol entrando por una ventana. La señora de la casa está cantando una canción. Las palabras hablan de consuelo. La melodía te asegura su presencia y comunica amor. Tus miedos se derriten. De alguna manera, la canción te recuerda una historia mucho más grande de la que somos parte, una que pone en perspectiva los problemas que enfrentas y las preguntas que tienes. Las emociones que una vez te sofocaron no tienen respuesta a la simple melodía. La ansiedad afloja su control, y todo silenciosamente encuentra el lugar que le corresponde dentro de ti.

¿Cuáles son las palabras que escuchas en esta dulce canción? Ella está de pie sobre ti y tú estás a su sombra, bajo su protección. ¿Sientes que la alegría brota dentro de tu corazón? Estás a salvo y libre. Estás en el pliegue de su manto y en el cruce de sus brazos. ¿Necesitas algo más?

REFLEXIÓN

1. ¿Cómo es pasar tiempo con José y María en su casa de Nazaret? ¿Qué emociones te surgen?
2. ¿Qué te gustaría decirle a José o a María? ¿Qué les pides?

_____

_____

_____

_____

_____

_____

_____

_____

_____

_____

_____

_____

ORACIÓN

SEÑOR JESÚS, ÚNETE A MÍ MIENTRAS IMAGINO TU VIDA DE HOGAR. PASA TIEMPO CONMIGO COMO YO PASO TIEMPO CON TU MAMÁ Y TU PAPÁ. AL LLEGAR A CONOCERLOS MEJOR, YO ESTOY LLEGANDO A CONOCERTE MEJOR TAMBIÉN. AYÚDAME A TENER LA CONFIANZA DE QUE SOY UN BUEN AMIGO DE TU FAMILIA, ALGUIEN QUE PUEDE ENTRAR SIN LLAMAR, ALGUIEN QUE SIEMPRE TIENE UN LUGAR EN LA MESA. AYÚDAME A SENTIRME EN CASA CONTIGO.

MIÉRCOLES

SEÑOR, QUE NO SEA ORGULLOSO, QUE NO SEA AUTOSUFICIENTE, QUE NO CREA QUE SOY EL CENTRO DEL UNIVERSO. HAZME HUMILDE. CONCÉDEME LA GRACIA DE LA HUMILDAD. Y CON ESTA HUMILDAD QUE TE ENCUENTRE. ES LA ÚNICA FORMA; SIN HUMILDAD NUNCA ENCONTRAREMOS A DIOS: NOS ENCONTRAREMOS A NOSOTROS MISMOS.

PAPA FRANCISCO

EL AMOR EN LO ORDINARIO

Me invitaron a escuchar confesiones en un monasterio carmelita hace un tiempo. La madre superiora quería hablar conmigo antes y darme una orientación. Para ser honesto, no pensé que fuera necesario. ¿Qué posibles pecados podrían haber experimentado estas hermanas encerradas en un claustro? "La santificación ocurre en lo ordinario", me dijo la madre superiora. "Tal vez no escuches grandes pecados de las hermanas, pero la santidad crece a través de las cosas cotidianas".

Nazaret guardó un secreto durante muchos años. Se estaba preparando una gran sanación para el mundo entero. ¡Cómo esperaba el pueblo de Israel al mesías, al ungido, al que nos salvaría! La salvación que se planeó fue mucho mayor que la liberación de cualquier reino terrenal de la opresión. Esta salvación estaba destinada no solo a una nación sino al mundo entero. Cuán grande es Dios que mostraría su poder más allá de lo que nadie podría imaginar.

Nazaret mantuvo este secreto a plena vista. El Salvador del mundo era familiar para la gente del pueblo allí. Cuando volvió a predicar la venida del reino, lo rechazaron porque no podían creer que uno de ellos pudiera ser el elegido.

Él viene a nosotros también en nuestras experiencias diarias. En las partes ordinarias de nuestras vidas, la salvación de Dios se cumple en nuestra audiencia; sin embargo, nos alejamos de su amor. Ahora es el momento de volverse hacia él. Hoy es el día de salvación. Somos redimidos por la ofrenda de su propia vida. Ten paz, pero no te demores más.

REFLEXIÓN

1. ¿Qué partes de tu vida parecen demasiado simples o familiares para que Dios entre y las use para tu salvación? ¿A quién podrías rechazar o despedir porque son demasiado ordinarios?

2. ¿Cómo puedes escuchar más profundamente la palabra de Dios a lo largo de tu día hoy?

ORACIÓN

SEÑOR, EL AMOR SE HA FORMADO EN MÍ COMO UNA IDEA, UNA SENSACIÓN, UNA CIMA DE UNA MONTAÑA, UN TRIUNFO GLORIOSO. ME INVIERTO Y ME DISTRAIGO POR MIS EMOCIONES, PLACER Y EXPECTATIVAS. QUE EL CAMINO DE NAZARET ME ENSEÑE CÓMO EL AMOR ES GLORIOSO, SÍ, PERO TAMBIÉN MONÓTONO Y MUNDANO. QUE ME ENSEÑE CÓMO EL AFECTO ES REGULAR Y REPETITIVO. AYÚDAME A AJUSTAR MI VISIÓN, PARA QUE YO PUEDA ENCONTRARTE LLEGANDO A MÍ AQUÍ Y AHORA EN LAS PARTES COTIDIANAS DE MI VIDA.

JUEVES

JOSÉ SE LEVANTÓ, TOMÓ AL NIÑO Y A SU MADRE, Y VOLVIERON A LA TIERRA DE ISRAEL . . . SE DIRIGIÓ A LA PROVINCIA DE GALILEA Y SE FUE A VIVIR A UN PUEBLO LLAMADO NAZARET. ASÍ HABÍA DE CUMPLIRSE LO QUE DIJERON LOS PROFETAS: LO LLAMARÁN "NAZOREO".

MATEO 2:21-23

UN PASO A LA VEZ

La distancia desde la casa de Joaquín y Ana hasta la de José y María en Nazaret era de unos miles de pies cuesta arriba. Sabemos que José era un trabajador calificado. Podemos imaginar que contribuyó a la edificación de la santa casa de Nazaret.

Después del sueño de José, él acogió en su casa a María, una adolescente embarazada (Mt 1:24). Pidamos entrar a esta casa. ¿Nuestra Santísima Madre le pidió a José que les construyera una casa en una colina en Nazaret para que pudieran estar cerca de sus padres? En aras de nuestra contemplación, entremos en esa escena. Ayudemos a llevar las piedras como José nos da instrucciones y traigamos la comida a la dulce orden de María.

Mientras colocamos las piedras junto a José, mientras imaginamos a María describiendo el tamaño de la habitación que quiere para el bebé, podemos ver cómo sus planes y sus esperanzas toman forma. No sabían cómo iba a proceder su historia o cómo terminaría. Todo lo que sabían es que Dios les había dado una tarea especial. Dieron su mejor esfuerzo para cuidar ese regalo, para darle un hogar a Jesús. Sabían que Dios se encargaría del resto. Solo podían ver un paso adelante de ellos, pero lo tomaron con fe, y Dios les mostró el próximo paso.

Nosotros podemos practicar esta fidelidad también. Podemos confiar en Dios como lo hicieron José y María escuchando bien lo que Dios nos pide aquí y ahora. Podemos construir un hogar para el Señor, un espacio en nuestro corazón donde él pueda morar con nosotros. Cuando sea el momento de dar el próximo paso, Dios nos dirá a dónde ir.

REFLEXIÓN

1. ¿Cuándo te sientes más inquieto con tu vida? ¿Qué distracciones buscas para llenar esta inquietud?
2. ¿Cómo puedes convertir esta inquietud en actos silenciosos de oración y de servicio que cultiven la fe?

_____

_____

_____

_____

_____

_____

_____

_____

_____

_____

_____

_____

_____

_____

_____

_____

_____

_____

_____

ORACIÓN

_ENVÍAME, SEÑOR. MÁNDAME Y YO
VOY. AYÚDAME A ENTENDER TU
LLAMADO. SABER QUE SOY LLAMADO
A ESTAR CONTIGO. PARA ENTRAR EN
LA CÁMARA DE TU AMOR Y NO TENER
MIEDO AL RECHAZO. SABER QUE ERES
DESEOSO DE MI ALMA. TÚ, COMO UN
AMANTE, PERSIGUES MI CORAZÓN.
¿QUÉ ES, SEÑOR, QUE TE HACE TANTO
DESEARME? ¿CÓMO PUEDO YO, UN
POBRE PECADOR, SER TAN AMADO POR
UN DIOS TAN GRANDE?_

VIERNES

NO TENEMOS LAS RESPUESTAS, PERO SABEMOS QUE JESÚS PADECIÓ COMO TÚ, PORQUE TAMBIÉN ERA INOCENTE. EL VERDADERO DIOS QUE VIVIÓ EN JESÚS ESTÁ CON NOSOTROS. AUN EN LA TRISTEZA, CUANDO NO TENEMOS TODAS LAS RESPUESTAS, DIOS ESTÁ DE NUESTRO LADO Y ESO NOS AYUDARÁ.

PAPA BENEDICTO XVI

CRUCES OCULTAS

Durante el Adviento, los franciscanos suelen celebrar oraciones de vigilia durante la noche para animarnos a esperar en el Señor. A veces, nos reunimos en medio de la noche a la luz de las velas para nuestra oración matutina. Una vez, tenía tanto sueño que decidí orar de rodillas para mantenerme despierto. Cuando fue mi turno de dirigir las oraciones, en mi mente tenía la intención de decir la oración, pero lo que salió de mi boca fue: "Duerme". Todos mis hermanos se echaron a reír, incluso a esa hora de la mañana.

El sacrificio de una vigilia es una pequeña forma en que participamos en la Cruz. Algunas cruces son públicas y fáciles de ver. A veces sufrimos de maneras que llaman mucho la atención. Sin embargo, la mayoría de las cruces que llevamos son silenciosas y ocultas. Jesús conocía ambas cruces.

Los romanos crucificaron a propósito a las personas cerca de la puerta de Jerusalén para lograr la máxima visibilidad. Por eso, mataron a Jesús allí. Jesús también cargó muchas cruces en Nazaret, pero allí había cruces que nadie podía ver. Trabajó con José, pero a pesar de todo su sudor, nadie recuerda lo que construyeron. Observó los chismes de los pueblos pequeños y vio a las personas maltratarse entre sí. Estaba sujeto a un sistema político que solo parecía mantener la riqueza en la cima y a todos los demás en su lugar, y tenía que pagar impuestos para mantenerlo. Vio que la gente se preguntaba si había algo más en la vida que levantarse todos los días para trabajar hasta el agotamiento.

En Jerusalén, Jesús fue ridiculizado y rechazado para nuestra salvación, pero en Nazaret practicaría el camino de la nada, escondido en la vida ordinaria.

Seguir el camino de Nazaret nos permite asumir las cruces que nos llegan en las partes pequeñas y ocultas de nuestra vida.

Soportándolas bien con valor, paciencia y fe, nos estamos preparando para seguir a Jesús a través de la muerte a la vida.

REFLEXIÓN

1. ¿Qué es una pequeña cruz oculta que estás invitado a llevar, una que nadie más puede ver? ¿Cómo puedes llevarla con fe?
2. ¿Quién en tu vida está cargando una cruz en este momento? ¿Cómo puedes ayudarlo a llevar esta cruz?

_____

_____

_____

_____

_____

_____

_____

_____

_____

_____

_____

_____

_____

_____

_____

_____

_____

_____

_____

_____

ORACIÓN

SEÑOR, RECIBE MI QUEBRANTAMIENTO. HAY COSAS QUE NO PUEDO CAMBIAR, RECUERDOS QUE NO SE DESVANECEN. ESCUCHA MI GRITO Y ESCUCHA MI NECESIDAD. LAS ANSIEDADES DE LA VIDA ME ENVUELVEN COMO UNA NUBE. MIS FRACASOS ME PERSEGUEN. SIN EMBARGO, TAMBIÉN ESTO ME PUEDE SANTIFICAR SI SIGO EL CAMINO DE NAZARET Y APRENDO A LLEVAR MI CRUZ. NO HAY CRUZ QUE NO SE PUEDA REDIMIR. CONCÉDEME FE PARA VER TU PACIENTE OBRA DENTRO DE MÍ.

PRIMERA SEMANA DE ADVIENTO

SÁBADO

POR SU SUMISIÓN A MARÍA Y A JOSÉ, ASÍ COMO POR SU HUMILDE TRABAJO DURANTE LARGOS AÑOS EN NAZARET, JESÚS NOS DA EL EJEMPLO DE LA SANTIDAD EN LA VIDA COTIDIANA DE LA FAMILIA Y DEL TRABAJO.

CATECISMO DE LA IGLESIA CATÓLICA, 564

ESCUCHAR Y APRENDER

Jesús fue a Nazaret y fue obediente a sus padres. ¡Imagínate eso! La encarnación divina del Verbo de Dios siendo obediente a meros seres humanos. María le pidió que hiciera las tareas de la casa. José le pidió que llevara vigas en el lugar de trabajo. Jesús les obedeció.

La raíz de la palabra *obedecer* es "oír". Mira la extrema humildad de Dios, que el que es todopoderoso escucharía a su propia creación. En su divinidad, Jesús sabía todas las cosas. Pero en su humanidad, aprendió a leer, a construir, a amar. Aprendió en Nazaret.

¿Qué puedo aprender de la escuela de Nazaret acerca de ser obediente? ¿Cómo puedo ser como Jesús de esta manera? No declaró su autoridad divina a sus padres. No, fue obediente. La obediencia es la prueba de la santidad. Nosotros también debemos ser obedientes y confiar en la promesa de Dios de nunca abandonarnos.

El Señor está en camino. Él viene a salvarnos. Qué alegría meditar que su salvación nos hará libres. No más llanto, no más dolor. Nos hemos alejado mucho. Nuestras vidas están llenas de bendiciones, pero también hay pérdidas y amarguras que pueden ser difíciles de soportar. El Señor es nuestro libertador que está presente para levantar estas cargas y enderezar nuestros pies. ¡Qué maravillosa noticia! ¡Qué glorioso Dios servimos! Nuestra respuesta es necesaria, y debemos hacer todo lo posible para acercarnos.

Nuestra respuesta no es una obediencia irreflexiva, sino más bien como José, que seamos transformados por la renovación de nuestra mente (cfr. Romanos 12:2). Ser obediente es unir nuestra voluntad a la voluntad de Dios, que hagamos lo que sabemos que es correcto, aunque no sea fácil o conveniente. Dios ha hablado su Palabra. Depende de nosotros escucharla y cambiar nuestras vidas.

REFLEXIÓN

1. ¿Qué puedes aprender de la escuela de Nazaret acerca de ser obediente? ¿Cómo puedes ser más como Jesús en esta área?
2. ¿Cómo puedes escuchar la voluntad de Dios? ¿En qué áreas puedes ser más humilde u obediente?

_____

_____

_____

_____

_____

_____

_____

_____

_____

_____

_____

_____

_____

_____

_____

_____

_____

ORACIÓN

*OH SEÑOR, CUANTAS VECES TE HABLO
SIN ESCUCHAR. VENGO A TI LLENO DE
MIS NECESIDADES Y PREOCUPACIONES.
SIGO Y SIGO SOBRE LO QUE ESTÁ
PASANDO EN MI VIDA. AYÚDAME A
HACER ESPACIO PARA ESCUCHARTE,
PARA HACER SILENCIO, PARA SALIR
A CAMINAR SIN DISTRACCIONES,
PARA ESCUCHARTE EN MI PROPIA
RESPIRACIÓN. AL ESCUCHARTE, QUE
YO ME VUELVA OBEDIENTE A TI, PARA
SEGUIR A DONDE ESTÁS LLEVANDO MI
CORAZÓN. TÚ ESCUCHASTE A JOSÉ Y
A MARÍA EN LA OBEDIENCIA; AYÚDAME
A ESCUCHARTE EN OBEDIENCIA
TAMBIÉN.*

EL CAMINO DE LOS SANTOS

DOMINGO

AL SEXTO MES EL ÁNGEL GABRIEL FUE
ENVIADO POR DIOS A UNA CIUDAD
DE GALILEA, LLAMADA NAZARET,
A UNA JOVEN VIRGEN QUE ESTABA
COMPROMETIDA EN MATRIMONIO
CON UN HOMBRE LLAMADO JOSÉ,
DE LA FAMILIA DE DAVID. LA VIRGEN
SE LLAMABA MARÍA. LLEGÓ EL ÁNGEL
HASTA ELLA Y LE DIJO: "ALÉGRATE,
LLENA DE GRACIA, EL SEÑOR ESTÁ
CONTIGO". MARÍA QUEDÓ MUY
CONMOVIDA AL OÍR ESTAS PALABRAS,
Y SE PREGUNTABA QUÉ SIGNIFICARÍA
TAL SALUDO.

LUCAS 1:26-29

UNA RESPUESTA INTENCIONAL

Mientras viajamos a través del Adviento con la Sagrada Familia en Nazaret, estamos acompañados por los ángeles y los santos en la Iglesia. Todos y cada uno de nosotros tenemos un propósito: un llamado. En última instancia, todos estamos llamados a ser santos, y sea cual sea nuestra percepción de esa palabra, los santos pueden ser maestros que ayuden a que sea más accesible. Esta semana nos centraremos en siete figuras clave: María de Nazaret, Juan Bautista, Andrés de Galilea, Nicolás de Esmirna, Lucía de Roma, Juan Diego Cuauhtlatoatzin y Nuestra Señora de Guadalupe. Cada uno de estos santos tiene algo que enseñarnos sobre la audaz humildad que encontramos en el pequeño pueblo de Nazaret.

Si tuviéramos que buscar lo que hace santos a los santos, rápidamente llegaríamos a la idea de que cada uno de ellos respondía a Dios. Dios les habló y ellos respondieron con *intención*.

Vemos esta intencionalidad tan claramente en la vida de María de Nazaret, que era una joven judía cuando el ángel Gabriel le anunció que sería la madre de nuestro Salvador. Sabemos por el Evangelio de Lucas que María le hizo una pregunta muy importante al ángel: "¿Cómo puede ser esto si no he tenido relaciones con un hombre?". La respuesta que se dio no fue una guía detallada, paso a paso, pero ella confió y dio su fíat: "Yo soy la servidora del Señor, hágase en mí tal como has dicho" (Lc 1:38). En esta respuesta, ella se abre al poder de Dios, y todos sabemos cómo se desarrolla esa historia.

En nuestras propias vidas, fácilmente podemos comenzar a sentir que Dios está en silencio, como si ni siquiera estuviera allí. Estos pueden ser momentos en los que se hace necesario que demos el primer paso, para responder a Dios siendo intencionales en lo que *hacemos*. Debido a que nuestras acciones afectan nuestros pensamientos, debemos investigarnos a nosotros mismos para saber qué acciones nos ayudarán mejor a reconocer a Dios a nuestro alrededor y qué elecciones fomentarán una actitud de fe y confianza en Dios.

REFLEXIÓN

1. ¿Cómo te ha hablado Dios en el pasado? ¿En qué relaciones, eventos, hábitos de oración o momentos puedes ver el poder de Dios en tu vida?
2. ¿Qué puedes hacer para simplificar tu vida este Adviento? ¿A qué puedes renunciar en un espíritu de penitencia y de vigilia?

_____

_____

_____

_____

_____

_____

_____

_____

_____

_____

ORACIÓN

SEÑOR, PON EN MÍ UN CORAZÓN
LIMPIO. PERMITE QUE TU PLAN PARA
MI SE AGARRE DE MI CORAZÓN, Y NO
ME DEJES ALEJARME. QUE PACIENTE
ERES CON TUS HIJOS. DESPUÉS DE
TANTOS REGALOS DE ORO, VOLVEMOS
AL LODO Y LA MUGRE. DESPUÉS DE
SER LIMPIADOS EN TU MISERICORDIA,
VAGAMOS. LLÉVAME DE NUEVO,
SEÑOR, LLEVAME DE VUELTA.

LUNES

VINO UN HOMBRE, ENVIADO POR
DIOS, QUE SE LLAMABA JUAN.
VINO PARA DAR TESTIMONIO,
COMO TESTIGO DE LA LUZ, PARA
QUE TODOS CREYERAN POR ÉL.
AUNQUE NO FUERA ÉL LA LUZ,
LE TOCABA DAR TESTIMONIO DE
LA LUZ.

JUAN 1:6-8

VER Y CREER

Al observar la vida de Juan Bautista hoy, encontramos otra dimensión de nuestra respuesta a Dios. Juan puede enseñarnos cómo identificar a Dios en medio de nuestra vida cotidiana y dar a conocer esa luz a quienes nos rodean. Las Escrituras nos dicen que Juan comienza su importante trabajo incluso antes de nacer. Cuando María embarazada visita a Isabel, Juan salta en el vientre de Isabel, señalando su reconocimiento de la presencia de su Salvador y llevando a Isabel a anunciar la bendición de María. Incluso podemos mirar hacia atrás a David bailando ante el arca y ver cómo prefiguró a Juan Bautista bailando en el vientre ante la presencia de Dios en el vientre de María.

Por supuesto, es Juan quien bautiza a Jesús, llevando a Dios Padre a proclamar desde el cielo: "Este es mi Hijo, el Amado; en él me complazco" (Mt 3:17). Incluso hoy, el bautismo es el primer sacramento que recibe cada cristiano. Otro momento en el que Juan es el primero en ver a Jesús se encuentra en el Evangelio de Juan, cuando dice: "Ahí viene el Cordero de Dios" (1:29). Aquí les está diciendo a sus dos discípulos que hagan, por primera vez, lo que él ha hecho antes que ellos: ver y creer. Escuchamos esto proclamado en cada Misa durante la Liturgia de la Eucaristía. El sacerdote repite las palabras de Juan mientras levanta la hostia, porque debemos hacer lo que hizo Juan: ver y creer como si fuera la primera vez, cada vez.

En otras palabras, *tenemos que ir por ello*. Hay un don en contemplar al Cordero de Dios, pero muchas veces se pierde entre distracciones y preocupaciones. El cielo se nos está abriendo, pero debemos dar el paso para recibirlo. Volvemos de nuevo a las palabras de Juan Bautista, que dice: "Es necesario que él crezca y que yo disminuya" (Jn 3:30). Para hacer esto, debemos tener corazones abiertos al amor que Dios quiere darnos, y luego responder compartiendo este amor con los demás. Lo encontraremos más fácilmente en el disfraz de los pobres y los quebrantados de corazón que nos rodean. Mostremos amor a los necesitados y ayudemos a sanar cualquier herida que hayamos causado cuando nuestros corazones no fueron dirigidos por Dios.

REFLEXIÓN

1. ¿Cómo te está llamando Dios a disminuir para que él pueda crecer en tu vida?
2. ¿De qué manera puedes ser el "primero" en mostrar el amor de Dios a los demás?

ORACIÓN

*SEÑOR, PREPARA EL CAMINO EN
MI CORAZÓN. PERMITE QUE MI
CORAZÓN TE VEA Y ESTÉ PREPARADO
PARA RECIBIRTE CUANDO VENGAS EN
GLORIA. AYÚDAME A TENER HAMBRE
DEL BANQUETE DEL CIELO. PON EN
MI CORAZÓN UN FUEGO PARA IR A LAS
CARRETERAS Y LOS CAMINOS PARA
INVITAR A TODOS LOS QUE VENGAN.
HAZ TU VOLUNTAD EN MI CORAZÓN.
ESCUCHA MIS ORACIONES POR MIS
AMADOS: QUE SE ACERQUEN A TI.*

MARTES

MIENTRAS JESÚS CAMINABA A ORILLAS DEL MAR DE GALILEA, VIO A DOS HERMANOS: UNO ERA SIMÓN, LLAMADO PEDRO, Y EL OTRO ANDRÉS. ERAN PESCADORES Y ESTABAN ECHANDO LA RED AL MAR. JESÚS LOS LLAMÓ: "SÍGANME, Y YO LOS HARÉ PESCADORES DE HOMBRES". AL INSTANTE DEJARON LAS REDES Y LO SIGUIERON.

MATEO 4:18–20

EL TRABAJO OCULTO

Como su hermano Pedro, Andrés era pescador en Galilea. En el Evangelio de Juan, leemos que Andrés fue el primero en ser llamado por Cristo para convertirse en apóstol. En la iglesia bizantina recibió un título, *Protokletos*, el primero en ser llamado, pero también dijo sí a la llamada radical de Jesús. Los Evangelios comparten cómo Andrés pudo responder a Dios e invitar a otros a seguirlo también.

Probablemente debido a su actividad comercial en los mercados de Galilea, Andrés era experto en establecer contactos y conectar a las personas con los recursos, habilidades esenciales en el trabajo de evangelización. Le contó a su hermano Pedro sobre el Mesías e hizo que se realizara el encuentro (Jn 1:41). Más tarde, cuando todos los apóstoles se dieron por vencidos ante la perspectiva de alimentar a cinco mil hombres, Andrés trajo a un niño que tenía cinco panes y dos peces (Jn 6:8–9). No puedo evitar imaginar a este niño como alguien maravillosamente regordete. Cuando algunos griegos quisieron conocer a Jesús, se acercaron a Felipe, pero Felipe fue a Andrés para organizar el encuentro (Jn 12:20–22).

Todos conocemos a una persona como Andrés. El colega que nos llama solo para decirnos que acaba de comer en un restaurante increíble y pensó en nosotros. El amigo que se acuerda de enviar tarjetas en Navidad y en nuestro cumpleaños. El miembro de la familia que siempre está feliz de verte o que nunca se olvida de escribir una nota de agradecimiento. La persona que es tan atenta al conectarnos con otras personas con intereses similares. No se necesita mucho para reconocer que estos gestos son formas adicionales de auténtica intencionalidad y pueden ser parte de nuestra respuesta a Dios.

Este tipo de trabajo es silencioso y, en cierto modo, oculto. Nadie se hizo famoso por escribir una nota de agradecimiento o hacer una presentación. Andrés mismo no es un apóstol que discutimos a menudo. ¿Pero eso hace que él importe menos? Por supuesto que no. Trabajó incansablemente, de manera estratégica y sutil, recurriendo a los dones que Dios le dio a lo largo del camino.

El pueblo de Nazaret nos llama a un estilo y una misión similares: dar tu sí radical a Jesús, notar oportunidades para hacer su trabajo en las circunstancias de tu vida diaria y aprovechar tus dones para capacitarte. Oremos por un poco de la gracia que tuvo Andrés para unir incansablemente a buenas personas para la gloria de Dios.

REFLEXIÓN

1. ¿Cuáles son las áreas de tu vida en las que puedes unir a las personas para la gloria de Dios en tu lugar de trabajo, familia, amistades y comunidad de fe?
2. ¿De qué manera puedes decir sí a Dios hoy? ¿Qué habilidades te ha dado para promover su reino?

_____

_____

_____

_____

_____

_____

_____

ORACIÓN

*OH JESÚS, PREPARA MI CORAZÓN
A UNA MAYOR PROFUNDIDAD PARA
QUE PUEDA DECIR SÍ A TU LLAMADO
POR MÍ. GRACIAS POR TODAS LAS
PERSONAS QUE ME HAS ENVIADO PARA
ACERCARME A TI. AYÚDAME A AMARLOS
Y SERVIRLOS BIEN. ESCUCHA SUS
PETICIONES Y BENDÍCELOS.*

MIÉRCOLES

¿NO SABEN CUÁL ES EL AYUNO QUE ME AGRADA? ROMPER LAS CADENAS INJUSTAS, DESATAR LAS AMARRAS DEL YUGO, DEJAR LIBRES A LOS OPRIMIDOS Y ROMPER TODA CLASE DE YUGO.

COMPARTIRÁS TU PAN CON EL HAMBRIENTO, LOS POBRES SIN TECHO ENTRARÁN A TU CASA, VESTIRÁS AL QUE VEAS DESNUDO Y NO VOLVERÁS LA ESPALDA A TU HERMANO.

ENTONCES TU LUZ SURGIRÁ COMO LA AURORA . . . ENTONCES, SI LLAMAS A YAVÉ, RESPONDERÁ. CUANDO LO LLAMES, DIRÁ: "AQUÍ ESTOY".

ISAÍAS 58:6–9

UN FRENO A LA POBREZA

San Nicolás tiene un lugar especial en la temporada de Adviento y Navidad. Es bien conocido como Santa Claus, un nombre derivado del nombre holandés *Sinterklaus*. Fue obispo en la ciudad de Mira en la actual Turquía durante la época del Imperio Romano. Escuchó la difícil situación de una familia que había atravesado tiempos difíciles y cuyo padre iba a entregar a sus tres hijas a la prostitución. Nicolás se enteró de esto y en noches sucesivas arrojó bolsas de oro a su casa, primero a través de la ventana, luego por la chimenea y luego en las medias que estaban colgadas para secarse. Se informa que realizó milagros, especialmente los de sanación. Tal vez haya una conexión entre escuchar las dificultades de las personas, aliviar la pobreza y sanar.

En el monasterio, tenemos algo que llamamos un "freno a la pobreza". Es un momento en el que examinamos la forma en que vivimos en un nivel práctico y eliminamos las cosas que no hemos usado o que no necesitamos. Hacemos esto cuatro veces al año, y una de ellas cae alrededor de Adviento. Es mucho más que una limpieza de otoño; es un momento para tomar en serio nuestro voto de pobreza y vivirlo.

Uno de los peligros de nuestra cultura de consumo es la acumulación innecesaria de cosas materiales. Te invito a reflexionar sobre tu propia llamada a vivir el consejo evangélico de la pobreza según tu estado de vida. ¿Cómo puedes realmente simplificar? Hay una necesidad de perspectiva. Salgamos a nuestros hermanos pequeños, los pobres, para que podamos aprender de ellos.

Diciembre ya se ha puesto al día con los hogares ocupados. Por ahora los planes están hechos o se están preparando para fiestas navideñas y visitas entre familiares. No olvidemos a los pobres y busquemos a Jesús entre ellos. Ayudemos, como san Nicolás, a aquellos que han atravesado tiempos difíciles, y Dios traerá la sanación.

REFLEXIÓN

1. ¿Cómo puedes ser más generoso con los que están material-
   mente empobrecidos o son pobres de corazón?
2. ¿Cómo te ha mostrado este último año tu propia pobreza de
   corazón?

ORACIÓN

*SEÑOR, CONCÉDEME UN AMOR POR
LOS POBRES. YO NO QUIERO SERVIR
POR PIEDAD; LÍBRAME DE ENTREGAR
POR EGOÍSMO. CONCÉDEME LA GRACIA
DE VER TU ROSTRO EN LOS QUE ANTES
ME FUERON INVISIBLES. PERMÍTEME
MIRAR CON AMOR A AQUELLOS A
QUIENES MIRÉ CON DESCENSO EN
EL PASADO. SI HE DADO MÁS POR
MI PROPIO BIEN QUE POR EL TUYO,
RUEGO QUE RECIBAS TODO LO QUE
MI POBRE CORAZÓN PUEDE DAR, PERO
NO ME DEJES QUEDAR AQUÍ. DAME UN
CORAZÓN ARDIENTE DE AMOR PARA
TUS PEQUEÑOS.*

JUEVES

EN OTRO TIEMPO USTEDES ERAN
TINIEBLAS, PERO AHORA SON
LUZ EN EL SEÑOR. PÓRTENSE
COMO HIJOS DE LA LUZ, CON
BONDAD, CON JUSTICIA Y
SEGÚN LA VERDAD, PUES ÉSOS
SON LOS FRUTOS DE LA LUZ.

EFESIOS 5:8-9

VIVIR EN LA LUZ

Santa Lucía, cuya fiesta es el 13 de diciembre, es otra de nuestras compañeras de Adviento. Lucía fue una mártir de la Iglesia primitiva, y aunque gran parte de su historia está envuelta en leyendas, sabemos que perdió la vida durante la sangrienta persecución de los cristianos a principios del siglo IV. En ese momento, el emperador romano Diocleciano fue despiadado en la forma en que mató a los cristianos; los hizo quemar, apuñalar, decapitar y torturar hasta la muerte. Podemos estar seguros de que, sin embargo, Lucía murió por medios brutales. Debió poseer una valentía excepcional al negarse a renunciar a su fe cristiana.

Debido a que ella era una mujer joven en ese momento, se le considera una santa que puede enseñarnos sobre las cualidades de una fe infantil y lo que significa ser una luz en la oscuridad. Ella amaba a Jesús y creía con todo su corazón que él era Dios, el máximo amante y poseedor de su alma. En su valentía, llevó esta verdad a los demás y se encontró con el martirio.

Podríamos pensar en el martirio como algo del pasado, pero la verdad es que los cristianos son asesinados sin piedad todos los días en el mundo moderno. En tierras lejanas y cercanas, los que creen en Jesús viven con el temor diario de perder la vida o la vida de sus seres queridos. Al igual que Lucía, estos mártires contemporáneos profesan el mismo credo que tú y yo profesamos: que Jesucristo es completamente Dios y completamente hombre, que vino a salvarnos a todos del pecado y llevarnos al cielo con él. Recordemos a la Iglesia mundial hoy, y busquemos llevar la luz de la verdad a los demás en el contexto de nuestra vida cotidiana.

REFLEXIÓN

1. ¿Quién ha sido portador de luz en tu vida? ¿Cómo te impactaron?
2. ¿Cómo puedes traer luz a la vida de los demás?

_____

_____

_____

_____

_____

_____

_____

_____

_____

_____

_____

_____

_____

ORACIÓN

JESÚS, TÚ DESEAS LA SANACIÓN DEL MUNDO EN ESTE ADVIENTO. PARA QUE HAYA PAZ EN LA TIERRA, DEBE COMENZAR EN MI PROPIO CORAZÓN, QUE TÚ DESEAS TOTALMENTE. AYÚDAME A VER CÓMO CON VALENTÍA PUEDO ENTREGARME A TI Y A LOS QUE ME RODEAN. AYÚDAME A SER LUZ EN ESTE MUNDO Y A COMPARTIR LA ALEGRÍA DE MI FE CON LOS DEMÁS.

VIERNES

DIOS HA ELEGIDO LO QUE EL MUNDO CONSIDERA NECIO PARA AVERGONZAR A LOS SABIOS, Y HA TOMADO LO QUE ES DÉBIL EN ESTE MUNDO PARA CONFUNDIR LO QUE ES FUERTE. DIOS HA ELEGIDO LO QUE ES COMÚN Y DESPRECIADO EN ESTE MUNDO, LO QUE ES NADA, PARA REDUCIR A LA NADA LO QUE ES. Y ASÍ NINGÚN MORTAL PODRÁ ALABARSE A SÍ MISMO ANTE DIOS.

I CORINTIOS 1:27-29

EL HUMILDE MENSAJERO

En el México del siglo XVI, encontramos a los indígenas enfrentando la muerte por la guerra, la enfermedad y la tortura. Ellos sufrieron particularmente dentro de sus corazones. Los eruditos en los salones académicos debatieron si los pueblos indígenas eran completamente humanos, mientras que los santos misioneros, que vieron la humanidad de los nativos americanos, intentaron eliminar completamente su cultura con un enfoque puritano de la evangelización.

Los franciscanos y los dominicos lucharon incansablemente por los derechos de los indígenas, pero enfrentaron una tremenda oposición. El obispo franciscano recién nombrado casi fue asesinado cuando se enfrentó al virrey por su trato a los indígenas. Es en este contexto violento y tumultuoso que Nuestra Señora se apareció a Juan Diego en 1531.

Juan Diego Cuauhtlatoatzin era un indígena de clase social baja. Había sido bautizado en 1524 y tomó el nombre de Juan Diego. También se casó por la Iglesia al mismo tiempo, pero su esposa murió cinco años después. Juan Diego se aferró a su fe y regularmente caminaba a una misión a seis millas de distancia para la Misa y recibir lecciones del *Catecismo*.

Fue durante uno de estos paseos en diciembre de 1531 que María se le apareció para pedirle, en el dialecto de su propia lengua materna, que fuera al obispo a entregarle su pedido de que se construyera allí un santuario. Este encuentro quedó registrado en un texto llamado el *Nican mopohua*, una de las fuentes escritas más antiguas sobre la primera aparición de María en las Américas. Juan Diego trató de desviar la misión, pero ella insistió, diciendo: "Tú que eres mi mensajero . . . en ti pongo mi absoluta confianza . . .".

Juan Diego recogió en su *tilma*, o prenda, las rosas que ella le envió como señal. Cuando desplegó su tilma ante el obispo, quedó impresa en ella la imagen de la Reina del Cielo, mostrándonos cómo la Madre de Dios desciende al encuentro de todas las personas, incluso en las partes más bajas de la sociedad.

Lo que calificó a Juan Diego para esta misión no fue que fuera un gran orador o una figura poderosa o un experto respetado. Él no era ninguna de estas cosas. Él mismo admitió que era solo un principiante. María lo eligió como su mensajero y, al aceptarlo, fue a la vez increíblemente valiente y asombrosamente humilde. Esto le abrió el camino para ser parte de algo mucho más grande de lo que podía imaginar. El plan de Dios para él era asombroso.

Estas acciones tienen un profundo significado, porque esto significa que nuestra madre, María, también deposita su más profunda confianza en nosotros. Si decimos que sí, nosotros también podemos convertirnos en parte de algo mucho más grande de lo que podemos imaginar. Dios da la gracia de ser increíblemente valiente y asombrosamente humilde también. Podemos seguir a María para convertirnos en templo de su hijo, discípulos y mensajeros de su amor.

REFLEXIÓN

1. ¿Cómo puedes crecer en la conciencia de tu pequeñez?
2. ¿Cuáles son algunas fortalezas de orgullo dentro de ti que el Señor te está invitando a traerle?

ORACIÓN

SEÑOR JESÚS, CÓMO ME AMAS. ME RODEAS DE TANTOS SANTOS. GRACIAS, SEÑOR. POR LA INTERCESIÓN DE TU MADRE Y DE SAN JUAN DIEGO, PON EN MI CORAZÓN UN ARDIENTE DESEO DE SER SANTO. AYÚDAME A ALEJARME DE LAS COSAS QUE ME ALEJAN DE TI. PERDÓNAME POR LAS MUCHAS VECES QUE ME HE QUEDADO BAJO. RECÍBEME UNA VEZ MAS EN TU AMOROSO ABRAZO. TÚ ME CONOCES. POR FAVOR, PERMITE QUE ME ACERQUE A TI.

JESÚS, AL VER A LA MADRE Y JUNTO A ELLA AL DISCÍPULO QUE MÁS QUERÍA, DIJO A LA MADRE: "MUJER, AHÍ TIENES A TU HIJO". DESPUÉS DIJO AL DISCÍPULO: "AHÍ TIENES A TU MADRE". Y DESDE AQUEL MOMENTO EL DISCÍPULO SE LA LLEVÓ A SU CASA.

JUAN 19:26–27

EL PLIEGUE DE SU MANTO

Cuando pensamos en María y el Adviento, nuestras mentes pueden volverse fácilmente hacia su aparición en las escenas bíblicas de esta temporada: su embarazo, su tiempo con José, su visita a Isabel y, por supuesto, la natividad. Estas escenas nos recuerdan cómo nuestro Salvador vino al mundo a través de la ternura de una madre amorosa y alegre. Treinta y tres años después, Jesús, en la Cruz, encomienda a María al cuidado de su discípulo Juan, diciendo: "Mujer, ahí tienes a tu hijo". Entendemos que este es el punto en el que Jesús nos da a María como madre a todos nosotros.

Así como se apareció a Juan Diego, viene a nosotros como nuestra madre en la fe. Escuchamos las palabras que ella le dirigió a él registradas en el *Nican mopohua*, confiando en que ella también se dirige a nosotros: "¿No estoy yo aquí que soy tu madre? ¿No estás bajo mi sombra y protección? ¿No estás tú en el pliegue de mi manto, en la cuna de mis brazos?".

Juan Diego estaba lleno de aprensión e incertidumbre. Al hablar con el obispo, estaba fuera de su liga. En un momento, trató de evitar a María porque sentía que le estaban pidiendo que hiciera demasiado.

María lo buscó, sin embargo, y se anticipó a sus necesidades. Ella le aseguró en el lenguaje y la apariencia de su cultura local. Ella le dio lo que necesitaba para cumplir con su pedido, y la señal que llevó ha llevado a millones a una fe más profunda.

María hace lo mismo por nosotros. Ella quiere llevarnos a su hijo y está en una posición única para ayudarnos. Invoquémosla en esta temporada de Adviento. Ella nos dará lo que necesitamos y más.

REFLEXIÓN

1. ¿Qué se interpone en el camino de una vida constante de fidelidad para ti? ¿Qué te distrae o te desvía del camino?
2. ¿Cómo puedes llamar a María para que te ayude?

_____

_____

_____

_____

_____

_____

_____

_____

_____

_____

_____

_____

_____

_____

_____

_____

_____

_____

_____

ORACIÓN

OH SEÑOR, LA LUZ DE TU AMOR ME
REVELA QUIÉN SOY VERDADERAMENTE
Y LA PLENITUD DE MI IDENTIDAD, NO
LA SOMBRA QUE ME PERCIBO SER. SI
SOLO SUPIERA LA EXTENSIÓN DE TU
AMOR POR MÍ, LLORARÍA DE GOZO.
SERÍA DEMASIADO PARA MÍ CONTENER.
YO GRITARÍA DESDE LOS TECHOS DE
ESTE AMOR. ME DAS A TU MADRE PARA
QUE ME AYUDE EN MI DEBILIDAD.
PIENSO MUY POCO DE MI, PERO
ELLA ME INVITA A LA AVENTURA DE
ANUNCIAR TU BUENA NUEVA. CUANDO
DUDO DE TI O DE MÍ MISMO, DAME
CONFIANZA Y TU GRACIA. ENVÍAME EL
AUXILIO Y LA PROTECCIÓN DE MARÍA.

EL CAMINO DE
SAN JOSÉ

TERCERA SEMANA DE ADVIENTO

DOMINGO

ASÍ, PUES, YA NO SON EXTRANJEROS NI HUÉSPEDES, SINO CIUDADANOS DE LA CIUDAD DE LOS SANTOS; USTEDES SON DE LA CASA DE DIOS. ESTÁN CIMENTADOS EN EL EDIFICIO CUYAS BASES SON LOS APÓSTOLES Y PROFETAS, Y CUYA PIEDRA ANGULAR ES CRISTO JESÚS. EN ÉL SE AJUSTAN LOS DIVERSOS ELEMENTOS, Y LA CONSTRUCCIÓN SE ELEVA HASTA FORMAR UN TEMPLO SANTO EN EL SEÑOR. EN ÉL USTEDES SE VAN EDIFICANDO HASTA SER UN SANTUARIO ESPIRITUAL DE DIOS.

EFESIOS 2:19–22

SAN JOSÉ
NOS HACE UN HOGAR

Sabemos que José era carpintero, pero eso es algo así como una simplificación. Las Escrituras usan la palabra *tekton* para su oficio, lo que significa que era un artesano que construía casas. Habría usado madera, sí, pero también piedra y mortero. Habría trabajado con otros constructores en proyectos que tardaron en completarse, proyectos que se mantendrían durante años y sobrevivirían a su creador.

Es fácil imaginar a José construyendo un hogar para María y Jesús en Nazaret, poniendo mucho cuidado y esfuerzo en su lugar de residencia. Mejoró la estructura para adaptarla a sus necesidades y creó muebles como camas, mesas, sillas, mostradores y espacios de almacenamiento. Creó un lugar donde la Sagrada Familia pudiera compartir la vida juntos en Nazaret: un hogar.

La gente aprendió un oficio como el *tekton* a través del aprendizaje. No iban a la escuela a aprender principios; aprendieron en el trabajo. Comenzaron como recaderos, un ayudante de bajo nivel. Si observaban de cerca y se volvían útiles, avanzaban en posición y responsabilidades. A medida que estaban expuestos a más tipos de proyectos, se confiaba en ellos para que hicieran más por su cuenta hasta que tuvieran todas las habilidades que necesitaban para construir por su cuenta.

El aprendizaje ocurre principalmente a través de la imitación. José, entonces, aprendió haciendo. Y esta es una buena manera para que nosotros también aprendamos, especialmente cuando miramos el ejemplo de José. La casa que construyó en Nazaret es lo suficientemente grande para acogernos, porque podemos observar sus acciones y habitar también con la Sagrada Familia.

Entonces, en la próxima semana, veamos las acciones de José. Era un hombre de profundo silencio. La Biblia no registra una sola palabra pronunciada por él, aunque sus fieles acciones dicen mucho. Podemos pensar en nosotros mismos entrando en un aprendizaje con él, no para construir una estructura de piedra y madera, sino para construir un espacio donde Jesús pueda vivir dentro de nosotros, donde podamos compartir la vida con María.

REFLEXIÓN

1. Piensa en alguien a quien admires: un buen amigo, un mentor que te guíe, un líder que te inspire. ¿Qué te habla en sus acciones? Haz una lista de lo que observas sobre lo que hacen.
2. ¿Cómo refleja su comportamiento la forma en que vivió Jesús? ¿Qué partes de su ejemplo quieres emular?

ORACIÓN

*SAN JOSÉ, SINTONÍZAME CON EL
PODER DEL APRENDIZAJE CON
EL EJEMPLO. JESÚS APRENDIÓ
OBSERVÁNDOTE, Y YO APRENDÍ EL
CAMINO DE JESÚS OBSERVÁNDOLO.
OH SANTO ARTESANO, AYÚDAME
A CONSTRUIR EN MI CORAZÓN UN
HOGAR ADECUADO PARA QUE JESÚS
VIVA, UN LUGAR DONDE MARÍA
PUEDA ORAR CONMIGO, UN ESPACIO
DONDE YO PUEDA OBSERVARTE EN
EL TRABAJO. PROTEGIÓ Y PROVEYÓ
A JESÚS EL HIJO DE DIOS Y A MARÍA,
SU MADRE. PROTÉGEME Y PROVÉEME
A MÍ TAMBIÉN, PARA QUE YO PUEDA
PREPARAR UN LUGAR DENTRO DE MÍ
PARA QUE VIVA LA SAGRADA FAMILIA.*

TERCERA SEMANA DE ADVIENTO

LUNES

DESPUÉS DE LA DEPORTACIÓN A BABILONIA, JECONÍAS FUE PADRE DE SALATIEL Y ÉSTE DE ZOROBABEL.

ZOROBABEL FUE PADRE DE ABIUD, ABIUD DE ELIACIM Y ELIACIM DE AZOR. AZOR FUE PADRE DE SADOC, SADOC DE AQUIM Y ÉSTE DE ELIUD. ELIUD FUE PADRE DE ELEAZAR, ELEAZAR DE MATÁN Y ÉSTE DE JACOB.

JACOB FUE PADRE DE JOSÉ, ESPOSO DE MARÍA, DE LA QUE NACIÓ JESÚS, LLAMADO CRISTO.

MATEO 1:12–16

ENTREGARNOS

Al comienzo de los Evangelios de Mateo y Lucas hay dos genealogías. Una comienza con Adán, la otra con Abrahán. Ambos son parte de un linaje que incluye algunas figuras interesantes hasta Jesús a través de José. ¡Este linaje nos dice que José era un hombre justo que provenía de una familia hecha de reyes y sinvergüenzas, de reinas y adúlteras! Qué consuelo que el linaje familiar de Jesús es . . . complicado. Cada nombre lleva una historia de cómo Dios ha interactuado con su pueblo. Cada nombre está lleno de triunfo y fracaso.

¿Qué significó este linaje para José? ¿Cómo era su corazón con respecto a todo esto? ¿Tenía miedo de repetir los pecados del pasado?

Hay miedo en el corazón de cada persona. El miedo correctamente ordenado es un guardián de nuestra humanidad y una ocasión de valentía. Cuando no se ordena correctamente, se convierte en una disposición de inadecuación, un miedo al fracaso que afecta otras decisiones.

¿Es posible que José haya escuchado esas voces diciendo: "No tienes lo que se necesita. No eres digno de esta familia"? Podemos escuchar estas voces hablándonos también. Están diciendo mentiras que convierten en armas los traumas y la toxicidad de nuestro pasado. Se convierten en la excusa para quedarnos como estamos y no responder a la gracia. "Mi familia era tóxica", nos decimos. "Es por eso que no puedo rezar, o por qué soy adicto a mi teléfono, a la pornografía, al alcohol . . .".

No estoy diciendo que el trauma no sea real. Más bien, estoy diciendo que Dios puede resolver cualquier situación y que nuestro trauma no tiene por qué ser un impedimento para lo que Dios está tratando de hacer en nuestras vidas. En la genealogía de Jesús, vemos que la disfunción era parte de un plan mayor y que Dios pudo sacar algo bueno de ella.

Aunque a veces las cosas pueden parecer oscuras, tenemos motivos para la esperanza. Si nuestro linaje familiar ha estado atribulado durante mucho tiempo, nos regocijamos, porque el Espíritu Santo ha descendido sobre el mundo para santificarnos (Rom 5:5). El Señor prometió que su Espíritu renovará nuestros corazones y reunirá y reconciliará a las personas que están divididas, todo para permitir que Dios habite plenamente con nosotros (CIC, 715). Solo tenemos que entregarnos al Señor.

REFLEXIÓN

1. ¿Qué mentiras tiendes a escuchar? ¿Qué narrativas juegan en tu cabeza que te impiden confiar en Dios o esperar la transformación?

2. ¿Cómo puedes, como san José, entregar estas mentiras al Señor y escuchar su voz de verdad y de amor?

_____

_____

_____

_____

_____

_____

_____

_____

ORACIÓN

OH JESÚS, PREPARA MI CORAZÓN PARA MAYOR PROFUNDIDAD Y DEPENDENCIA DE TI. PERMÍTEME SER FIEL A TU LLAMADO EN MI VIDA Y CONFIAR EN QUE ME DAS LO QUE NECESITO PARA SEGUIRTE. PERMÍTEME SER ENVUELTO EN TUS PLANES. DULCE JESÚS, LLÉVAME MÁS PROFUNDAMENTE A TU AMOR SIN IMPORTAR A DÓNDE ME LLEVE.

TERCERA SEMANA DE ADVIENTO

MARTES

ESTE FUE EL PRINCIPIO DE JESUCRISTO: MARÍA, SU MADRE, ESTABA COMPROMETIDA CON JOSÉ; PERO ANTES DE QUE VIVIERAN JUNTOS, QUEDÓ EMBARAZADA POR OBRA DEL ESPÍRITU SANTO. SU ESPOSO, JOSÉ, PENSÓ DESPEDIRLA, PERO COMO ERA UN HOMBRE BUENO, QUISO ACTUAR DISCRETAMENTE PARA NO DIFAMARLA. MIENTRAS LO ESTABA PENSANDO, EL ÁNGEL DEL SEÑOR SE LE APARECIÓ EN SUEÑOS.

MATEO 1:18–20

LA CERTEZA DE QUIÉNES SOMOS

José no era un erudito ni una figura política ni un oficial del ejército. No era un hombre de estatura según los estándares mundanos. Él no era un Julio César o Cicerón; sin embargo, llevó al Hijo de Dios a crecer hasta la edad adulta. Dirigió con el ejemplo. Fue fiel, trabajó duro y proveyó para su familia humildemente.

La Biblia también nos dice que José era un "hombre bueno" (Mt 1:19), lo que significa que era consciente de sí mismo y sabía cómo sus acciones y percepciones se reflejaban en su familia, su comunidad y su fe. Ciertamente habría reconocido su falta de calificaciones para ser el padre adoptivo del Salvador del mundo. Debe haberse sentido severamente inadecuado para la tarea, pero no permitió que su propia debilidad o inseguridades se convirtieran en un impedimento para la voluntad de Dios. Por eso, toda la historia de la salvación tiene con él una deuda de gratitud.

Desde la casa familiar que construyó en Nazaret, José nos muestra la humildad al aceptar la llamada de Dios, aunque no fuera un gran hombre según el mundo. Su humildad significaba que sabía quién era y quién no, y ese era un terreno firme sobre el que pararse, un fundamento lo suficientemente fuerte como para ayudar a traer a Jesús al mundo.

Su humildad también significó que no puso limitaciones a lo que Dios podía o no podía hacer en su vida. Sabía que, si Dios le pedía que ayudara a criar a Jesús, Dios le daría lo que necesitaba para llevar a cabo esa tarea. Su humildad fue fortalecida por la fidelidad. Dios hizo el resto.

A través de nuestro bautismo, somos llamados cristianos, lo que significa que somos ungidos como Jesús. Somos ungidos—escogidos y agraciados—para compartir la misión de Jesús de traer la Buena Nueva a los pobres, sanar a los quebrantados de corazón y proclamar la libertad a los cautivos. Es una gran tarea, una que no podemos llevar a cabo por nuestra cuenta.

Pero con la humildad de José podemos tener la certeza de quiénes somos: los hijos amados de Dios que están ungidos para llevar la Buena Nueva a los demás. No importa lo que hayamos hecho, de dónde vengamos o los dones y talentos que tengamos, esa identidad es verdadera para nosotros. Y la humildad de José prueba que Dios no necesita nada más con quien trabajar para hacer grandes cosas.

Nuestra fe no se vive si no se da, si no hacemos que importe de alguna manera. Experimenta la alegría de compartir la Buena Nueva de que somos amados y no desamparados, perdonados y no condenados, elegidos y no rechazados.

REFLEXIÓN

Completa estas tres frases:

A veces creo que soy demasiado _____.

Pero sé que Dios me ve como _____.

Estas son las personas y las prácticas que ayudan a reforzar la forma en que Dios me ve: _____.

_____

_____

_____

_____

_____

_____

ORACIÓN

*SEÑOR, TÚ ME AMAS PLENA Y
PROFUNDAMENTE. TÚ ME CONOCES
MEJOR QUE YO MISMO. CUANDO
PIENSO DEMASIADO EN MÍ MISMO,
ESTÁS AHÍ PARA RECORDARME QUE
TODO LO QUE SOY DEPENDE DE TI,
HASTA MI VIDA. CUANDO PIENSO MUY
POCO EN MÍ MISMO, TÚ ME LEVANTAS
CON TU CUIDADO AMOROSO. AYÚDAME
A HACER DE LA FORMA EN QUE ME VES
COMO TU AMADO HIJO, MI PRINCIPAL
IDENTIDAD. AYÚDAME A CONFIAR EN TI
PARA HACER GRANDES COSAS A TRAVÉS
DE MÍ.*

EL ÁNGEL DEL SEÑOR SE LE APARECIÓ EN SUEÑOS Y LE DIJO: "JOSÉ, DESCENDIENTE DE DAVID, NO TENGAS MIEDO DE LLEVARTE A MARÍA, TU ESPOSA, A TU CASA; SI BIEN ESTÁ ESPERANDO POR OBRA DEL ESPÍRITU SANTO, TÚ ERES EL QUE PONDRÁS EL NOMBRE AL HIJO QUE DARÁ A LUZ. Y LO LLAMARÁS JESÚS, PORQUE ÉL SALVARÁ A SU PUEBLO DE SUS PECADOS".

MATEO 1:20–21

LA FUERZA SE VUELVE SUAVE

Nuestra próxima lección de la escuela de Nazaret es que la casa del carpintero es un lugar apacible. Podemos ver la mansedumbre de José en los primeros momentos después del nacimiento de Jesús. Cuando María dio a luz al niño, la primera persona que abrazó al Salvador del mundo debe haber sido José. Imagínate a este hombre con manos como cuero endurecido sosteniendo muy suavemente la Palabra de Dios hecha carne.

Podemos imaginarnos a José entregando a Jesús a María de inmediato, pero teniendo sus propios momentos con el recién nacido más tarde en la noche. ¿Qué dijo José, un hombre joven, viril y justo en sus mejores años, cuando sostuvo al Salvador del mundo en sus brazos? Con ternura puso un nombre a este niño: Jesús, el Mesías, el ungido, Dios-con-nosotros.

La mansedumbre de José refleja la mansedumbre de Dios. Recuerda que este es el Creador del universo: el Señor del espacio y el tiempo, el que separó el rugiente mar de las imponentes montañas. Dios podría haber venido a nosotros en cualquier forma que hubiera elegido, pero eligió venir a nosotros como un recién nacido, pequeño, vulnerable y tembloroso. Él viene a nosotros con tanta dulzura que su aparición provoca en nosotros esa misma clase de dulzura para recibirlo.

Hay una manera de ver y meditar sobre este tipo de dulzura si te acercas a un hombre en tu vida que es padre. Pregúntale: "¿Cómo fue el momento en que tuviste a tu hijo en brazos por primera vez? ¿Qué pasó en tu corazón?". Míralo a los ojos mientras redacta una respuesta y verás que la fuerza se vuelve suave.

Es difícil para nosotros imaginar que alguien tan poderoso se vuelva tan gentil. Dios, el todopoderoso, es amable contigo. ¡Ojalá que fuéramos tan amables con nosotros mismos como Dios lo es con nosotros! María y José, con dulzura, aceptaron el establo con gratitud. San Francisco, al final de su vida, pidió perdón a su cuerpo (al que llamó hermano burro) por no ser más gentil. Procuremos ser tan amables con nosotros mismos como Dios lo es con nuestra alma. Si así nos trata él, tanto más debemos tratar nosotros a los demás con esa misma ternura gozosa.

REFLEXIÓN

1. ¿Cómo experimentas que Dios es personal e íntimamente amable contigo?
2. ¿Cómo puedes ser más amable contigo mismo durante esta temporada de Adviento? ¿Qué hábitos o acciones puedes tomar para ser más amable con los demás?

_____

_____

_____

_____

_____

ORACIÓN

*QUE AMABLE ERES CON NOSOTROS,
OH DIOS. TÚ NO TE OBLIGAS A
NOSOTROS. HASTA NOS AYUDAS
A PREPARARNOS PARA RECIBIRTE.
LA INCREÍBLE OBRA DE PREPARAR
NUESTROS CORAZONES PARA
CONTENER TODO EL AMOR QUE
NOS TIENES ES UN EJERCICIO DE
TERNURA AMOROSA. ES UN PODEROSO
ESFUERZO QUE OCURRE CON LA
MAYOR MANSEDUMBRE. QUE YO
ABRAZE ESTA MANSEDUMBRE DURANTE
ESTE ADVIENTO; QUE YO PUEDA
EXPERIMENTAR TU TIERNO ABRAZO
ACUNÁNDOME. SEÑOR, QUE ESTA
MANSEDUMBRE ME TRANSFORME PARA
PODER COMPARTIRLA CON LOS DEMÁS.*

TERCERA SEMANA DE ADVIENTO

JUEVES

EL ÁNGEL DEL SEÑOR SE LE APARECIÓ EN SUEÑOS A JOSÉ Y LE DIJO: "LEVÁNTATE, TOMA AL NIÑO Y A SU MADRE Y HUYE A EGIPTO. QUÉDATE ALLÍ HASTA QUE YO TE AVISE, PORQUE HERODES BUSCARÁ AL NIÑO PARA MATARLO". JOSÉ SE LEVANTÓ; AQUELLA MISMA NOCHE TOMÓ AL NIÑO Y A SU MADRE Y PARTIÓ HACIA EGIPTO.

MATEO 2:13–14

EL SÍ SILENCIOSO

José no tiene palabras registradas en las Sagradas Escrituras; sin embargo, su sí fue más allá de las palabras. Fue incluso más allá del sueño. Requería una acción increíble, una creatividad increíble. Cuando José dijo sí a casarse con María y criar a Jesús, no estaba reaccionando sin una cuidadosa consideración. Este era un hombre que sabía lo que era el compromiso y lo aceptó.

Sabemos que fue casto en su cuidado por María y Jesús. Se entregó completamente a ellos sin nada reservado para sí mismo. Esta castidad generó creatividad para José, como lo hace para nosotros. Lo llevó a lugares sorprendentes.

Creo que hay una idea equivocada acerca de san José. En la Edad Media, fue representado como un hombre mayor, como para sugerir que para proteger la virginidad de Nuestra Señora, José debe haber sido mayor. ¡Con qué rapidez proyectamos nuestra propia debilidad sobre José! No, me imagino a san José fuerte y joven. Era un joven que tenía algo que ofrecer, algo que dar cuando María (¡y el mundo entero!) necesitaba tanto.

El sí de José fue una ofrenda de amor. Por momentos, ese sí significaba que era muy activo en situaciones que eran dinámicas y cambiaban rápidamente; se ofreció a sí mismo en el viaje de Nazaret a Belén y se entregó aún más cuando condujo a la Sagrada Familia a través de cuatrocientas millas hasta Egipto. En otros momentos, su sí significaba que era sólido y firme, dispuesto a aceptar la monotonía y la fidelidad de la vida cotidiana; se dio a sí mismo cuando regresaron a Nazaret y se instalaron allí a criar a Jesús.

José es un buen guía para nosotros en Nazaret. Vivió con dos personas sin pecado, María y Jesús. Si algo salió mal, ¡podemos imaginar a quién miraron! Aunque José no era perfecto ni sin pecado, dijo que sí a la invitación de traer a Jesús al mundo. Hay momentos en que lo que Dios nos pide se siente como si fuera demasiado, pero tenemos dentro de nosotros para dar el mismo sí, y para estar a la altura del ejemplo de fidelidad de José.

REFLEXIÓN

1. ¿Qué temores surgen cuando contemplas dar un sí a Dios de todo corazón? Nómbralos aquí y pregúntale a Dios qué hacer con ellos.

2. Si tuvieras que decir cuidadosamente un sí a Dios con tus acciones, como lo hizo José, ¿qué harías?

_____

_____

_____

_____

_____

_____

_____

_____

_____

_____

ORACIÓN

SEÑOR DIOS, TODO LO QUE TENEMOS ES UN REGALO DE TI. TÚ ME SOSTIENES CON LA VIDA Y TU AMOR ME ATRAE HACIA TI, INCLUSO AQUÍ Y AHORA EN ESTE MOMENTO DE REFLEXIÓN. TODO LO QUE NECESITO HACER ES DECIR SÍ A TU INVITACIÓN PARA SER AMADO Y AMAR A CAMBIO. SIN EMBARGO, ¡ME DA MIEDO! NO QUIERO PERDER EL CONTROL DE MI VIDA. TENGO MIEDO DE LO QUE ME PEDIRÁN HACER; ME PREOCUPA NO CONSEGUIR LO QUE QUIERO. AÚN ASÍ, SÉ QUE LA VIDA CONTIGO NO SE COMPARA CON NINGUNA VIDA QUE YO PUDIERA CONSTRUIR POR MÍ MISMO. DAME EL SÍ GOZOSO Y CONFIADO DE JOSÉ, Y LLÉVAME A DONDE QUIERAS.

TERCERA SEMANA DE ADVIENTO

POR AQUELLOS DÍAS SALIÓ UN DECRETO DEL EMPERADOR AUGUSTO, POR EL QUE SE DEBÍA PROCEDER A UN CENSO EN TODO EL IMPERIO . . . TODOS, PUES, EMPEZARON A MOVERSE PARA SER REGISTRADOS CADA UNO EN SU CIUDAD NATAL. JOSÉ TAMBIÉN, QUE ESTABA EN GALILEA, EN LA CIUDAD DE NAZARET, SUBIÓ A JUDEA, A LA CIUDAD DE DAVID, LLAMADA BELÉN, PORQUE ERA DESCENDIENTE DE DAVID; ALLÍ SE INSCRIBIÓ CON MARÍA, SU ESPOSA, QUE ESTABA EMBARAZADA. MIENTRAS ESTABAN EN BELÉN, LLEGÓ PARA MARÍA EL MOMENTO DEL PARTO Y DIO A LUZ A SU HIJO PRIMOGÉNITO. LO ENVOLVIÓ EN PAÑALES Y LO ACOSTÓ EN UN PESEBRE, PUES NO HABÍA LUGAR PARA ELLOS EN LA SALA PRINCIPAL DE LA CASA.

LUCAS 2:1–7

LA VALENTÍA CREATIVA

En *Patris corde* ("Con corazón de padre"), el papa Francisco habla de la valentía creativa de san José, que "emerge especialmente en la forma en que enfrentamos las dificultades. Ante la dificultad, podemos darnos por vencidos y alejarnos, o de alguna manera comprometernos con ella. A veces, las dificultades sacan a relucir recursos que ni siquiera pensábamos que teníamos".

Mientras se preparaban para salir de Nazaret para su viaje a Belén, la valentía creativa de José estaba en plena exhibición. Fue alentador e ingenioso.

Cuando llegaron, lo más probable es que estuviera tocando a la puerta de familiares y conocidos. Comenzaba: "Primo, estoy aquí con mi esposa viajando desde Nazaret", solo para escuchar: "Mis más sinceras disculpas, pero no queda ni una pulgada con el resto de la familia de visita".

Cada vez que fueron rechazados, José se volvió hacia María y le ofreció una palabra de aliento. "No te preocupes, María, la tía Rebecca nos dejará entrar". Y cuando los rechazaban, él la animaba diciendo: "Sabes, no había mucho espacio allí de todos modos. Vamos a encontrar un lugar aún más grande. ¡Necesitamos una habitación más grande! Mi tía Raquel nos dejará entrar . . . No te preocupes. ¡Encontraremos un lugar más grande!" Y María sonreía.

Luego, cuando finalmente se les mostró un establo—una cueva con el olor de los animales de trabajo—¡la creatividad de José encontraría su pareja! Al entrar en la cueva, con gran pompa y circunstancia, hacía reír a María, diciendo: "¡Bienvenida, mi señora, tu palacio te espera! ¡Entra, este es el lugar! ¡Mira todo este espacio! ¡Y una cuna, ya hecha! Buena artesanía, si se me permite decirlo. ¡Permíteme ser tu heraldo! ¡Abran paso a la reina! ¡Saludos, Señor Buey y Duque Burro! Muy bueno de tu parte saludarnos. ¡He aquí, la reina está entrando! ¡A tus órdenes, mi señora! ¡Abran paso a la venida del Señor!".

Mucho después, José murió en Nazaret con María y Jesús a su lado. Aquí, me imagino, su sentido del humor no disminuyó, incluso cuando su fuerza se había ido y su rostro estaba pálido. Podemos imaginar su misma creatividad apareciendo entre toses: "No te preocupes, María. ¡Voy a buscar un lugar más grande! Permíteme ser tu heraldo". María, sorprendida, se ríe entre lágrimas. Jesús responde: "Sí, en la casa de mi padre hay muchas habitaciones". Y José, con su último aliento, dice: "Abran paso a la venida del Señor".

REFLEXIÓN

1. ¿Cuáles son los desafíos que constantemente te arrastran hacia abajo?

2. ¿Cómo puedes aprender de san José a reflejar la valentía creativa frente a estas dificultades?

ORACIÓN

*PADRE CELESTIAL, TU AMOR ES
TAN CREATIVO. ¡ES LO QUE CREÓ
EL MUNDO! NO HAY COSA QUE NO
PUEDAS HACER; TODO ES POSIBLE
CONTIGO. CUANDO HAY OBSTÁCULOS
EN LA VIDA, ME TROPIEZO MUY A
MENUDO. TODO LO QUE PUEDO VER ES
EL PROBLEMA Y LAS INCONVENIENCIAS
QUE ENFRENTO. AYÚDAME A IMITAR LA
RESILIENCIA Y LA VALENTÍA DE JOSÉ.
CUANTO MÁS VIVO EN TU AMOR, MÁS
ESPERANZA COLOREA MIS ACTITUDES.
AYÚDAME A TRAER TU ALEGRÍA Y TU
CREATIVIDAD A MI VIDA DIARIA.*

EL ÁNGEL DEL SEÑOR SE APARECIÓ EN SUEÑOS A JOSÉ EN EGIPTO Y LE DIJO: "LEVÁNTATE, TOMA CONTIGO AL NIÑO Y A SU MADRE Y REGRESA A LA TIERRA DE ISRAEL, PORQUE YA HAN MUERTO LOS QUE QUERÍAN MATAR AL NIÑO". JOSÉ SE LEVANTÓ, TOMÓ AL NIÑO Y A SU MADRE, Y VOLVIERON A LA TIERRA DE ISRAEL . . . SE DIRIGIÓ A LA PROVINCIA DE GALILEA Y SE FUE A VIVIR A UN PUEBLO LLAMADO NAZARET. ASÍ HABÍA DE CUMPLIRSE LO QUE DIJERON LOS PROFETAS: LO LLAMARÁN "NAZOREO".

MATEO 2:19-23

ABRAZAR LO ORDINARIO

La presencia de san José tuvo muchas bendiciones para Jesús y María, no solo en los momentos de dificultad sino también en lo ordinario. Ahí es donde crece la santidad, en la experiencia mundana diaria de nuestras vidas.

Como artesano, José conocía el valor de presentarse todos los días. Trabajó en casas que eran grandes proyectos; había que seguir así durante semanas y semanas para completar una estructura digna de la vida familiar. Era un obrero que sabía que el progreso constante y silencioso se acumulaba con el tiempo. No esperaba lograr grandes cosas de la noche a la mañana.

Podemos imaginar que José le enseñó a Jesús cómo llevar una gran viga de madera. Quizás hubo un tiempo en que José estaba buscando un tronco para construir una casa. Después de talar el árbol, José le dijo a Jesús: "Aquí, mijo, cuando lleves el tronco, es mejor que lo abraces así, y lo pongas sobre tu hombro así, para llevarlo mejor". ¿Será que, en ese viernes lleno de destino, Jesús escuchó una vez más la voz de José cuando se le encargó llevar una viga de madera al Calvario?

Podemos ver cómo la vida escondida y tranquila de Nazaret nos prepara para los dramáticos eventos en Jerusalén donde Jesús padeció, murió, fue sepultado y resucitó. Cuando aprendemos a encontrar a Dios en estas experiencias cotidianas, entonces estamos en camino a Jerusalén, donde podemos unirnos a Jesús en la Cruz y la Resurrección. Cuando lo ordinario se convierte en un lugar de encuentro con Dios, entonces también se convierte en un lugar donde podemos aprender a amar como lo hizo Jesús: total y desinteresadamente. Se convierte en un lugar donde podemos morir a nosotros mismos y encontrar una nueva vida.

Pedimos a la Sagrada Familia que nos enseñe el camino de Nazaret, que nos guíe para aprender a tener reverencia por lo cotidiano. Después de todo, Nazaret es el lugar donde Dios eligió unirse a nuestra humanidad, no en una gran revelación del cielo, sino en una ciudad normal y adormilada donde no sucedía gran cosa. Si Dios puede encarnarse en un lugar como este, Dios puede santificarnos dondequiera que estemos. No tenemos que viajar al Vaticano o a un santuario o a la cima de una montaña para encontrar a Dios: desde Nueva York hasta Los Ángeles, desde Wall Street hasta Main Street, él aparece para encontrarse con nosotros en nuestra experiencia monótona y ordinaria.

REFLEXIÓN

1. ¿Qué partes de tu vida diaria te parecen tediosas? ¿Cómo podrías ver en esas experiencias una oportunidad para ser desinteresado?
2. ¿Qué tipo de cosas podrías hacer con Dios si te presentas en silencio todos los días?

_____

_____

_____

_____

_____

_____

ORACIÓN

_CÓMO TE ESPERO, OH DIOS, SABIENDO
QUE NO HAY TESORO NI BELLEZA
EN LA TIERRA COMPARABLE A LO
QUE EL ESPÍRITU SANTO ES CAPAZ
DE CREAR DENTRO DE MÍ DÍA A DÍA,
UN LUGAR DE ENCUENTRO DONDE
PUEDO DELEITARME EN TI, OH
TODOPODEROSO. CONCÉDEME LA
FIDELIDAD DE JOSÉ PARA ACERCARME
CON REVERENCIA A ESTE ESPACIO
INTERIOR, SEÑOR, PORQUE ES DONDE
TÚ HABITAS DENTRO DE MÍ. ES DONDE
ME ENSEÑAS LA PACIENCIA QUE
NECESITO PARA LLEVAR MI CRUZ._

CUARTA SEMANA
DE ADVIENTO

EL CAMINO
DE MARÍA

CUARTA SEMANA DE ADVIENTO

DOMINGO

"HUBO UN HOMBRE, ENVIADO POR DIOS, QUE SE LLAMABA JUAN". JUAN FUE "LLENO DEL ESPÍRITU SANTO YA DESDE EL SENO DE SU MADRE" POR OBRA DEL MISMO CRISTO QUE LA VIRGEN MARÍA ACABABA DE CONCEBIR DEL ESPÍRITU SANTO. LA "VISITACIÓN" DE MARÍA A ISABEL SE CONVIRTIÓ ASÍ EN "VISITA DE DIOS A SU PUEBLO".

CATECISMO DE LA IGLESIA CATÓLICA, 717

PERMITIR QUE EL SEÑOR CREZCA

A medida que se acerca la fiesta de Navidad y la emoción de la temporada de Navidad se vuelve más ruidosa y exigente, te invito a considerar a María. Esta semana exploraremos su quietud, su humildad, su confianza y su oración.

Fue de Nazaret que María partió a toda prisa hacia la región montañosa después de enterarse de que su parienta Isabel estaba embarazada. Fue en su saludo que un fuego pasó de niño a niño. Este mismo fuego es el que el Señor anhela poner dentro de ti, un fuego para llevar a los cautivos la Buena Nueva de su liberación y para clamar desde el desierto: "Preparen el camino del Señor" (Lc 3:4). Ora para ser consumido por este fuego.

Esta semana te invito a entrar en la naturaleza profética de nuestro viaje de Adviento a través de la oración y los actos de servicio a los necesitados. Prepararemos con alegría nuestro corazón para decir una vez más con san Juan Bautista: "Es necesario que él crezca y que yo disminuya" (Jn 3:30). En este tiempo en que los días aún se hacen más cortos y las noches más largas, clamemos al Señor para que crezca en nuestro mundo, en nuestro hogar y en nuestros corazones.

Permitir que el Señor crezca es permitir que la luz se vea en la oscuridad de los demás. Es un acto profético ver la bondad en tu prójimo cuando otros lo descartarían como inútil y tonto. Hay un valor en el significado que encontramos allí.

Disminuir para que él pueda crecer significa, entre otras cosas, ver el bien en los demás y dar gracias por ello. Significa ver las necesidades de los demás antes que las propias. Significa sacrificar nuestros propios gustos y deseos por el bien de los demás. Significa ver la luz en la oscuridad. Te invito, y a tu familia o tu comunidad, a buscar una oportunidad de voluntariado en un banco de alimentos, comedor de beneficencia u otra oportunidad similar. ¡Busca el lugar donde puedas ofrecer algún servicio con alegría! Ve la bondad en el quebrantamiento. No trates de arreglar un problema, sino de amar a los que el Señor te envía. Disminuyamos, pues, para que él crezca.

REFLEXIÓN

1. ¿Cómo puedes "disminuir" en este tiempo de Adviento? ¿Cuáles son las prácticas que puedes emprender que permitirán que el Señor crezca en ti y en el mundo?
2. ¿Cómo puedes traer luz a la oscuridad en tus relaciones y en tu comunidad? ¿Cómo puedes traer bondad al quebrantamiento?

ORACIÓN

OH SEÑOR, QUE TÚ CREZCAS EN MÍ PARA SANAR, PARA REPARAR Y PARA LLEVAR LIBERTAD. QUE DISMINUYA LA HERIDA TÓXICA, LA INGRATITUD Y MI ESCLAVITUD A LA ANSIEDAD. TUS BENDICIONES SON MUY GRANDES. AYÚDAME A HACER ESPACIO PARA ELLAS. AL HUMILLAR MI CORAZÓN, QUE YO PUEDA ESTAR ABIERTO A TUS BENDICIONES. QUE ME CONTENTE CON LAS COSAS PEQUEÑAS Y EXPRESE MI AGRADECIMIENTO POR LO QUE SE ME HA DADO.

CUARTA SEMANA DE ADVIENTO

LUNES

CONTESTÓ EL ÁNGEL: "EL ESPÍRITU SANTO DESCENDERÁ SOBRE TI Y EL PODER DEL ALTÍSIMO TE CUBRIRÁ CON SU SOMBRA; POR ESO EL NIÑO SANTO QUE NACERÁ DE TI SERÁ LLAMADO HIJO DE DIOS. TAMBIÉN TU PARIENTA ISABEL ESTÁ ESPERANDO UN HIJO EN SU VEJEZ, Y AUNQUE NO PODÍA TENER FAMILIA, SE ENCUENTRA YA EN EL SEXTO MES DEL EMBARAZO. PARA DIOS, NADA ES IMPOSIBLE". DIJO MARÍA: "YO SOY LA SERVIDORA DEL SEÑOR, HÁGASE EN MÍ TAL COMO HAS DICHO". DESPUÉS LA DEJÓ EL ÁNGEL.

LUCAS 1:35–38

SÍ A CADA MOMENTO

Sería negligente pensar que el sí de María se limitó al momento en que el ángel Gabriel le anunció a María que daría a luz al niño Jesús. No entenderíamos lo que realmente significa el sí.

Muchas veces, toda nuestra vida depende de una decisión. Si llevas más de quince minutos de casado, sabes que el sí no es solo a las flores y al vestido, al "sí quiero" y al champán. Requiere tu todo. Esto se puede decir de cualquier vocación.

Cuando Mary dijo que sí cuando era adolescente, lo dijo como un compromiso para toda la vida. Su sí en este momento no fue solo un encuentro momentáneo con Dios sino un sí a ser madre, a criar al Hijo de Dios y a todo el sufrimiento que ello conllevaría.

Como María, estamos aquí para hacer la voluntad de Dios. En su voluntad somos libres. Que seamos liberados del exceso de confianza en nuestras propias fuerzas. Que seamos liberados de la falta de confianza en él.

Si somos honestos con nosotros mismos, veremos que solo somos principiantes en la vida espiritual. Gran parte de nuestro viaje espiritual es este flujo y reflujo entre nosotros queriendo entronizarnos, y nosotros volviendo a él con corazones arrepentidos. Algunos de nosotros nos cansaremos del tira y afloja, pero esto es un error. Hablando con propiedad, ese ir y venir es la transformación de nuestra necesidad de Dios impulsada por la ansiedad en una confianza auténtica que se basa en un amor auténtico y bien equilibrado. Estamos recibiendo todas las gracias de lo alto para que esta transformación ocurra en nuestras almas. El umbral es nuestra decisión clara y firme de decir sí a cada momento como lo hizo María.

REFLEXIÓN

1. ¿Cómo te pide el Señor que profundices tu sí a él?
2. ¿Qué te impide comprometerte con esta invitación?

ORACIÓN

*SEÑOR, QUE EL SÍ CONSTANTE DE
MARÍA RESUENE EN MI CORAZÓN.
AYÚDAME AHORA CON LO QUE HAS
PUESTO EN MI CORAZÓN. SANA LAS
VECES QUE YO ME HE ALEJADO, E
INTENSIFICA EL DESEO DE SEGUIRTE
CON TODO MI SER.*

Y AHORA, ASÍ TE HABLA YAVÉ, QUE TE HA CREADO, JACOB, O QUE TE HA FORMADO, ISRAEL. NO TEMAS, PORQUE YO TE HE RESCATADO; TE HE LLAMADO POR TU NOMBRE, TÚ ERES MÍO. SI ATRAVIESAS EL RÍO, YO ESTARÉ CONTIGO Y NO TE ARRASTRARÁ LA CORRIENTE. SI PASAS POR MEDIO DE LAS LLAMAS, NO TE QUEMARÁS, NI SIQUIERA TE CHAMUSCARÁS.

ISAÍAS 43:1–2

CONFIAR COMO MARÍA

Todo en nuestra cultura actual nos aleja de aceptar el sufrimiento. Se nos enseña a huir de cualquier malestar, a distraernos de lo desagradable. Tratamos de proteger nuestro ego a toda costa. El sufrimiento llega como una oportunidad para soltar la ilusión de la autosuficiencia.

Vendrán muchas pruebas a medida que nos acerquemos a Dios, pero estas son solo ocasiones en las que nuestro amor se muestra verdadero. De estas pruebas surge una ofrenda dulce y fragante. Así como el árbol de bálsamo del que proviene el incienso debe ser perforado una y otra vez para que brote la savia fragante, así también nuestra fe requiere períodos de prueba y sufrimiento para producir bondad en el mundo. Así como el aroma de la más hermosa de las flores solo se conserva al aplastar los pétalos, nuestro viaje hacia Dios requiere un proceso de descomposición.

Necesitamos recordar regularmente que la fe y el amor no vienen a nosotros sin sacrificio. María entendió esto profundamente cuando Simeón profetizó que su corazón sería traspasado (Lc 2,34–35). En estos momentos de sacrificio, ella se acercaba más a Dios porque sabía que Dios era fiel. "El Poderoso ha hecho grandes cosas por mí", proclama en la incertidumbre que siguió a la Anunciación. "¡Santo es su Nombre!" (Lc 1:49). Ella nos muestra cómo la fe es más que un mero asentimiento de nuestro intelecto: es una confianza total en la providencia y la voluntad de Dios para nuestras vidas.

En momentos de dificultad, tendemos a preguntar: "¿Por qué sucede esto?" o "¿Dónde está Dios en este momento?". Tendemos a alejarnos de Dios como si hubiéramos sido rechazados cuando experimentamos el sufrimiento. Al igual que María, debemos abordar estos momentos como oportunidades para profundizar nuestra confianza en Dios y para clamarle en la fe.

REFLEXIÓN

1. Recuerda un período de sufrimiento que hayas experimentado: un momento de dolor, un rechazo, una traición, una enfermedad o una herida. Escribe las preguntas que le hiciste a Dios durante esta experiencia.

2. María sabía que la respuesta de Dios al sacrificio y al sufrimiento es simplemente: "Yo estoy contigo". Esa no es una respuesta directa a las preguntas que enumeras aquí, pero es una respuesta. ¿Cómo estuvo Dios presente contigo durante tu experiencia de sufrimiento y cómo te acercó?

ORACIÓN

SEÑOR JESÚS, EN LA CRUZ, TE VOLVISTE AL DISCÍPULO AMADO—Y A MÍ—Y NOS DISTE A TU MADRE. DÉJAME RECIBIR EL REGALO QUE ME OFRECES CUANDO DIJISTE: "AHÍ TIENES A TU MADRE". ESPECIALMENTE CUANDO ENFRENTO EL SUFRIMIENTO Y LA INCERTIDUMBRE, AYÚDAME A CONFIAR EN TI COMO ELLA LO HIZO.

MIÉRCOLES

MARÍA, MADRE MÍA QUERIDÍSIMA, DAME TU CORAZÓN TAN HERMOSO, TAN PURO, TAN INMACULADO, TU CORAZÓN TAN LLENO DE AMOR Y DE HUMILDAD, PARA QUE PUEDA RECIBIR A JESÚS EN EL PAN DE VIDA, AMARLO COMO TÚ LO AMASTE Y SERVIRLO EN EL ANGUSTIOSO DISFRAZ DE LOS MÁS POBRES DE LOS POBRES.

**SANTA TERESA DE CALCUTA
(MADRE TERESA)**

VERTE A TI MISMO
COMO DIOS TE VE

¡Reflexiona sobre cómo anhela el Señor ser conocido por ti ahora mismo! Ten en cuenta que esta montaña solo se puede ascender por el camino de la humildad. La Palabra de Dios enseña: "Humíllense ante el Señor y él los engrandezará" (Santiago 4:10). Pídele a María que te enseñe el verdadero significado de la humildad hoy.

Si este fuego se apodera de tu corazón, no tendrás necesidad de buscar humillaciones; ellas vendrán. Podemos ver esto fácilmente en la vida de María. En el momento en que dio su sí a Dios, se enfrentó a la humillación: era una madre soltera. Luego, al pie de la Cruz, apareció como la madre de un hombre crucificado como un criminal común.

Podemos imaginar cuán fácilmente podríamos alejarnos de Dios ante tal sufrimiento. Podríamos enorgullecernos y olvidarnos de Dios por completo, volviéndonos al pecado de la autosuficiencia. O podemos enorgullecernos de otra manera: olvidando el amor de Dios y viéndonos indignos de su bondad.

María nos enseña a encontrar el verdadero sentido de la humildad: a vernos como Dios nos ve. Ella nos enseña que seguir al Señor es andar el camino de un profeta esforzándose por ser fieles por su amor. Cuando vengan las humillaciones, no dejes que tu corazón se endurezca, recíbelas como si fueran regalos. Si tu hermano te molesta, pregunta primero cuándo has hecho lo mismo y regocíjate de que el Señor te está mostrando cómo debes cambiar a través de él. Ve la luz en la oscuridad. Cuidado, porque es posible soportar humillaciones y enorgullecerte. No, querida alma en busca de Dios, humíllate ante los ojos del Señor, y ¡él te exaltará!

REFLEXIÓN

1. ¿Qué te viene a la mente cuando tratas de verte como Dios lo hace?
2. ¿De qué manera te impide el orgullo amar a Dios y a los demás?

ORACIÓN

OH DIOS, AL PRESERVAR A LA VIRGEN MARÍA DE TODA MANCHA DE PECADO, PREPARASTE UNA MORADA DIGNA PARA TU HIJO. POR FAVOR, PURIFÍCAME POR SU INTERCESIÓN, PARA QUE YO PUEDA PREPARAR UN LUGAR PARA QUE JESÚS HABITE EN MI CORAZÓN. CONCÉDEME SU HUMILDAD Y SU CONFIANZA PARA QUE YO VEA LA LUZ EN LA OSCURIDAD Y SEA FIEL A TU AMOR.

CUARTA SEMANA DE ADVIENTO

JUEVES

Y, EN UN MOMENTO, DE REPENTE
. . . YAVÉ DE LOS EJÉRCITOS
INTERVENDRÁ.

ISAÍAS 29:5-6

ENTRAR EN SU HISTORIA

San Francisco de Asís pasaba horas en meditación, contemplando el amor de Dios. Su meditación se centró en la historia de Jesús. El pobre de Asís anhelaba hacer presente a Jesús en todos los aspectos de su vida. San Francisco abrazó una vida evangélica, a la que llamó vida de penitencia. Vio la belleza de la creación y la bondad de la Encarnación. Cuando encontraba una capilla en mal estado, limpiaba con gran devoción el lugar donde se celebraba la santa Misa. Cuando el sacerdote elevaba la hostia y el cáliz durante la Misa, san Francisco se inclinaba en adoración y decía: "Mi Dios y mi todo". Anhelaba ir a los lugares santos y finalmente pudo visitar la misma tierra por la que caminó Jesús. Anhelaba entrar en la pobreza del nacimiento de Jesús. Y ahora nosotros, en nuestros corazones y hogares, tenemos ocasión de entrar en la historia de Jesús como lo hizo san Francisco.

Nos convertimos en parte de la historia de Dios al hacer la obra de Dios en este mundo. Mostramos a nuestros familiares paciencia, amor y compromiso. Caminamos con los perdidos y acompañamos a los afligidos. Servimos donde podemos, pero muy especialmente a los pobres de corazón y de hogar. En estos actos, nos volvemos como los apóstoles que impulsaron la obra de Jesús después de la Crucifixión. Damos a conocer su amor al mundo.

Este amor vino por primera vez al mundo de la manera más sorprendente: tomando la forma de un bebé vulnerable y dependiente. ¿Cómo es que Dios, que es todopoderoso, omnisciente y omnipresente, pudo humillarse tanto? Sin embargo, esto es lo que Dios ha hecho. Se somete a nuestro criterio de comprensión. Que Dios se hizo hombre significa que Dios era un bebé. Que profunda humildad. El amante de nuestras almas haría todo lo posible para comunicarnos su amor. Dejemos de huir de él en nuestras distracciones y nuestros egos. Corramos hacia él y entremos en su historia.

REFLEXIÓN

1. Escribe tres formas en las que puedes hacer que Jesús esté presente en el mundo.
2. ¿Qué te distrae de experimentar el amor de Dios?

_____

_____

_____

_____

_____

_____

_____

_____

_____

_____

_____

_____

_____

_____

_____

_____

_____

_____

_____

_____

_____

_____

ORACIÓN

SEÑOR, AYÚDAME A QUITAR LAS
COSAS INNECESARIAS QUE OCUPAN
ESPACIO EN MI CORAZÓN. LLÉNAME
CON TU PRESENCIA. MÍRAME CON TU
MIRADA DE AMOR PARA QUE MI ALMA,
MARCHITA POR LOS VIENTOS DEL
MUNDO, VUELVA A CRECER Y FLOREZCA
COMO EL LIRIO. MÍRAME, SEÑOR, Y
RESTÁURAME CON TU MIRADA.

¿PUEDE UNA MUJER OLVIDARSE DEL NIÑO QUE CRÍA, O DEJAR DE QUERER AL HIJO DE SUS ENTRAÑAS? PUES BIEN, AUNQUE ALGUNA LO OLVIDASE, YO NUNCA ME OLVIDARÍA DE TI. MIRA CÓMO TE TENGO GRABADA EN LA PALMA DE MIS MANOS.

ISAÍAS 49:15-16

EL BIEN MÁS ALLÁ DE LA VISTA

El amor de una madre podría ayudarnos a comprender el amor de Dios. Cuando un niño enfermo está recibiendo un medicamento que le salva la vida y que le causa más dolor en este momento, ¿una madre no siente el dolor de su hijo? ¿No aceptaría una madre el dolor y la enfermedad en lugar de ver sufrir a su hijo? Sin embargo, si lo hiciera, ¿no vendría otra enfermedad? Ella sabe que la medicina es buena para el niño. Ella ve el bien más allá de la vista, el bien que no es evidente para un niño que simplemente sufre.

El amor de Dios es similar en la forma en que conoce la totalidad de nuestras vidas y nuestro destino. Naturalmente, muchas veces nuestra mirada está puesta en las ansiedades del día, y podemos llegar a obsesionarnos con planificar cada detalle para protegernos de la inseguridad o el dolor. Estos se convierten en momentos de extrema necesidad de una comprensión más profunda del amor de Dios, que ve todo a la vez: nuestro pasado, presente y futuro.

María puede enseñarnos a seguir más profundamente de esta manera. En su completo abandono a él, vemos cómo ir más allá de los meros comienzos de la espiritualidad y aventurarnos en el campo más amplio de convertirnos en quienes fuimos creados para ser.

Esto no es simplemente un ejercicio intelectual de la fe como un asentimiento a la verdad. El camino de la fe que María modela para nosotros es un camino que da forma a nuestras vidas: nuestras acciones, nuestros pensamientos, nuestras decisiones, nuestras relaciones. Es un camino de fe que se basa en la convicción de que Dios camina con nosotros en todos los aspectos de nuestra vida, que ve el bien más allá de nuestra vista y que no hay nada en nosotros que sea demasiado insignificante para su amor.

REFLEXIÓN

1. ¿Qué partes de tu vida mantienes alejadas de Dios por vergüenza, miedo o preocupación?
2. ¿Cómo puedes traer estas partes a Dios como un paso hacia el abandono de tu vida a él?

ORACIÓN

EN ESTA ÉPOCA DEL AÑO HAY MUCHAS COSAS QUE LLENAN NUESTRO TIEMPO, SEÑOR. HAY UN MIEDO INTERIOR DE NO PODER HACER TODO, UNA PREOCUPACIÓN INTERNA DE QUE ECHAMOS DE MENOS ALGO O A ALGUIEN. AYÚDAME A NO PREOCUPARME POR LO QUE ESTÁ MÁS ALLÁ DE MI PODER. AYÚDAME A DEJAR DE TRATAR DE CONTROLAR LOS RESULTADOS QUE ESTÁN MÁS ALLÁ DE MÍ Y DE PREOCUPARME POR LO QUE NO ES ESENCIAL. CREO QUE PUEDES HACER ALGO BUENO AUN CON MI ANSIEDAD, SEÑOR. AYÚDAME A SEGUIR EL EJEMPLO DE MARÍA TENIENDO CLARIDAD SOBRE QUÉ ES LO MÁS IMPORTANTE EN MI VIDA Y VIVIR PARA ELLO.

ZACARÍAS SE TURBÓ AL VERLO Y EL TEMOR SE APODERÓ DE ÉL. PERO EL ÁNGEL LE DIJO: "NO TEMAS, ZACARÍAS, PORQUE TU ORACIÓN HA SIDO ESCUCHADA. TU ESPOSA ISABEL TE DARÁ UN HIJO Y LE PONDRÁS POR NOMBRE JUAN".

LUCAS 1:12–13

YAVÉ SE ACUERDA

¿Cómo rezaba María? Podemos imaginarla en oración cuando el ángel Gabriel la visitó. ¿Que estaba haciendo ella? ¿Por qué estaba orando? ¿Cuáles eran los anhelos de su corazón momentos antes de que le dijera su destino?

Todos tenemos una intención o un deseo por el que hemos orado durante un largo período de tiempo. Quizás hubo algo por lo que nunca habíamos rezado más y no se cumplió. ¿Qué pasó entonces con nuestra fe? Hay algunas peticiones que nuestro corazón no nos permitirá dejar de orar. Es casi como si fuera lo único que recordamos. Recordamos tanto la oración que incluso olvidamos que siempre rezamos por ella. Estas son las oraciones de lo más profundo de nosotros mismos. Residen dentro de nosotros. Son parte de nuestra identidad. A veces, cuando una de estas oraciones se cumple o recibe una respuesta, ya no estamos seguros de cómo orar, porque ha definido nuestra vida de oración.

El nombre de Zacarías significa "Yavé se acuerda". Él y su esposa, Isabel, oraron por un hijo; esa era la única oración en sus corazones. Pasaron los años y aprendieron a aceptar que parecía imposible. Pero nada es imposible para Dios. Entonces el ángel Gabriel vino a decirles que su oración fue escuchada. Cuando Gabriel se dirige a Zacarías, podemos leer su saludo así: "No temas. Yavé se acuerda". Así es como Dios responde a nuestras oraciones: se acuerda de nosotros. Él se acuerda de la única oración que has estado esperando. Isabel y Zacarías oraron por un hijo, y Dios respondió. Este niño sería el heraldo del Señor.

La oración de Zacarías e Isabel preparó un camino para el Señor. La oración de María también lo hizo. Orar es recordar que Dios se acuerda de nosotros, entrar en la unión amorosa de esa relación. Cuando el Señor nos visita en esa unión, recibimos nueva vida. Cuando María oró, Jesús se hizo carne en ella, y esta unión produjo la natividad que nos lleva a adorar a Dios en el pesebre, y realiza su unión con nuestros corazones.

REFLEXIÓN

1. ¿Por qué has orado desde que eras niño? ¿Cómo te ha respondido Dios?
2. ¿De qué manera sientes que Dios se ha acordado de ti?

ORACIÓN

VEN, ESPÍRITU SANTO. AUMENTA MI FE Y MUÉSTRAME TU VERDAD. VEN A MÍ AHORA Y SIEMPRE CUANDO YO DUDE DEL PODER DE DIOS. ENSÉÑAME A ORAR BIEN Y FIELMENTE. AYÚDAME A VIVIR MI FE ENTREGÁNDOLA A LOS DEMÁS MEDIANTE ACTOS DE AMOR Y DE SERVICIO. ACUÉRDATE DE MÍ, OH DIOS. PREPARA MI CORAZÓN, PARA QUE TÚ PUEDAS NACER EN MÍ DE NUEVO.

DÍA DE NAVIDAD

"HOY, EN LA CIUDAD DE DAVID, HA NACIDO PARA USTEDES UN SALVADOR, QUE ES EL MESÍAS Y EL SEÑOR. MIREN CÓMO LO RECONOCERÁN: HALLARÁN A UN NIÑO RECIÉN NACIDO, ENVUELTO EN PAÑALES Y ACOSTADO EN UN PESEBRE".

LUCAS 2:11–12

UNA BUENA NOTICIA
DE MUCHA ALEGRÍA

Hoy nace nuestro Salvador. La tristeza no debería tener cabida en el cumpleaños de la vida. Nadie está excluido de esta alegría. ¡Este es un día de gran regocijo! No importa lo que haya sucedido en nuestro pasado. ¡Dios se ha vuelto tan pequeño, tan accesible, que podríamos sostenerlo!

Tenemos que acercarnos al pesebre con humildad. El pesebre es donde comían los animales. ¿Cómo puede ser que el Dios inefable, inminente, todopoderoso y omnisciente se haya vuelto tan pequeño? ¿Cómo puede ser que el Creador del universo naciera en una cueva si no había lugar para él en la posada? La humildad amorosa es la fuerza más poderosa sobre la tierra. Nadie puede resistirla. Es con esta humildad que contemplamos el don de nuestro Salvador.

Imaginemos también la alegría que se escuchaba en la voz del ángel que visitaba a los atónitos pastores: "No tengan miedo, pues yo vengo a comunicarles una buena noticia, que será motivo de mucha alegría para todo el pueblo" (Lc 2:10). Es casi como en el momento en que Jesús nació, Dios le dijo al ángel que fuera a buscar a alguien que todavía estuviera despierto, porque este gozo necesitaba ser compartido de inmediato.

Hay aquellos en la oscuridad incluso hoy que necesitan escuchar este mensaje de luz. Estos pastores nos representan. Estaban allí, despiertos cuando todos los demás dormían. Estaban despiertos y atentos al mensaje del ángel. Llenos de alegría, corrieron a Belén para ver al niño rey y difundir la Buena Nueva. Así que nos unimos a ellos, paso a paso, corriendo para compartir esta Buena Nueva. ¡Hoy nace nuestro Salvador!

REFLEXIÓN

1. ¿Cómo puede ayudarte a crecer en humildad reflexionar sobre la humildad de Dios?
2. ¿Cómo puedes traer humildemente las buenas noticias de alegría a los que están en la oscuridad?

ORACIÓN

ÚNETE A MÍ PARA ORAR ESTAS PALABRAS DE SAN FRANCISCO EN SU CARTA A TODA LA ORDEN:

"¡QUE LA HUMANIDAD SE ARRODILLE EN EL TEMOR, QUE EL UNIVERSO ENTERO TIEMBRE Y QUE EL CIELO SE AGRADE CUANDO CRISTO, EL HIJO DEL DIOS VIVO, ESTÉ EN EL ALTAR EN LAS MANOS DEL CURA! ¡OH ASCENSO MARAVILLOSO, OH DESCENSO ESTUPENDO! ¡OH SUBLIME HUMILDAD! ¡OH HUMILDE SUBLÍMITE QUE EL SEÑOR DEL UNIVERSO, DIOS E HIJO DE DIOS, SE ESCONDA TAN HUMILDEMENTE PARA NUESTRA SALVACIÓN EN LO QUE PARECE SER SOLO UN PEQUEÑO PEDAZO DE PAN! ¡MIRA, ENTONCES, LA HUMILDAD DE DIOS! Y DERRAMA TU CORAZÓN DELANTE DE ÉL. HUMÍLLATE PARA QUE ÉL TE EXALTE. NO RETENGAS NADA DE TI MISMO PARA TI MISMO, PARA QUE ÉL RECIBA TU TODO QUIEN TE DIO TODO A TI".

NOTAS

EL PADRE AGUSTINO TORRES, CFR, es sacerdote de los Frailes Franciscanos de la Renovación y fundador de Corazón Puro y Latinos por la Vida. También se desempeña como guía de retiros, director espiritual y orador internacional para jóvenes.

Torres obtuvo una licenciatura en historia del arte de la Universidad de Seton Hall, una licenciatura en teología sagrada de la Universidad de Santo Tomás de Aquino en Roma y una maestría en divinidad y teología del Seminario de San José.

Torres presenta los programas de televisión EWTN *ICONS* y *Clic con Corazón Puro* (tanto en inglés como en español). Es cofundador de *Catholic Underground*, un apostolado de los Frailes de la Renovación. También cofundó las casas de discernimiento Casa Guadalupe y JPII. Torres es colaborador de contenido hispano en *Formed*, presentador del pódcast *Revive* del Renacimiento Eucarístico Nacional, y publica una reflexión semanal en Instagram. Es miembro de la Junta de Miembros del Instituto Nacional para el Ministerio con Adultos Jóvenes, la Junta Asesora Hispana de la Arquidiócesis de Nueva York y miembro de la junta asesora de jóvenes y adultos jóvenes de la USCCB.

https://www.corazonpuro.org/
Facebook: La Comunidad de los Frailes Franciscanos de la Renovación
Instagram: @oralecp
YouTube: Corazonpuronyc

VALERIE DELGADO es una pintora católica, artista digital y propietaria de Pax.Beloved. Ilustró los libros Adore del padre John Burns, *Restore* de la hermana Miriam James Heidland, SOLT, y *ABC Get to Know the Saints with Me* de Caroline Perkins.

Ella vive en el área de Houston, Texas.

www.paxbeloved.com
Instagram: @pax.valerie

Recursos y vídeos complementarios de *Prepara tu corazón* están disponibles gratis

Mejora tu experiencia de Adviento y simplifica la personalización para el uso individual, en parroquias, en grupos pequeños o en aulas con estos recursos gratuitos.

- vídeos complementarios semanales con el padre Agustino Torres, CFR
- Guía del líder de *Prepara tu corazón*
- Guía para familias y grupos de *Prepara tu corazón*
- anuncios del púlpito y en el boletín
- folletos, carteles y gráficos digitales descargables
- ¡y más!

¡ESTOS RECURSOS ESTÁN DISPONIBLES EN INGLÉS!

Escanea aquí para acceder a los recursos y vídeos gratuitos o visita **avemariapress.com/private/page/prepare-your-heart-resources**.